Hinter der Stille

Berlin-Prenzlauer Berg 1979–1989

Lehrlinge in der Arbeitspause, 1981

Hinter der Stille

Berlin-Prenzlauer Berg 1979–1989

Andreas H. Apelt Prosa
Ron Jagers Fotografie

mitteldeutscher verlag

Bibliografische Information der Deutschen Nationalbibliothek
Die Deutsche Nationalbibliothek registriert diese Publikation in der
Deutschen Nationalbibliografie; detaillierte bibliografische Daten im Internet
unter http://d-nb.de.

Alle Rechte vorbehalten.
Das Werk ist urheberrechtlich geschützt. Jede Verwertung außerhalb der
Freigrenzen des Urheberrechts ist ohne Zustimmung des Verlages unzulässig
und strafbar. Das gilt insbesondere für Vervielfältigungen, Übersetzungen,
Mikroverfilmungen und die Einspeicherung und Verarbeitung in
elektronischen Systemen.

2013
© mdv Mitteldeutscher Verlag GmbH, Halle (Saale)
www.mitteldeutscherverlag.de

Gesamtherstellung: Mitteldeutscher Verlag, Halle (Saale)

ISBN 978-3-89812-999-2

Printed in the EU

Inhalt

Erinnerungen an die Welt von gestern 6
Vergessen 8
Der Morgen 10
Mit dem Strom 12
Niemand 14
Lange Schatten 18
Gethsemane 20
Der Laden 22
Der Liebhaber 25
Die Buchstaben 28
Angie 31
Sommerhitze 36
Günther 39
Seelenverwandtschaft 42
Hackepeter 46
Die Augen 50
Die Schritte 52
Heisigs Angst 55
Die Schwester der Schuld 60
Hitlers Hund 63
Zukunft 66
Die Puppe 71
Der Krieg 75
Namenlos 78
Der Abschiedsbrief 81
Ausreise 85
Hemmlings Pilgerweg 89
Der Friedhof 95
Das Geheimnis 99
Das Glück 102
Gegenüber 105
Klärung eines Sachverhalts 109
Der Mond und der Tod 112
Erster Mai 117
Manne wollte weg 121
Der Aufstieg 125
Worte können nicht lügen 130
Das Höhlengleichnis 132
Die Zahl 135
Egons Glück 138
Der Kreis 142
Autor und Fotograf 144

Erinnerungen an die Welt von gestern

„Das Leben ist wie ein großer Kreis. Immer wenn man sich auf einer Geraden wähnt, beginnt er sich zu schließen, unmerklich und doch viel schneller als man zu glauben wagt." So heißt es im Text „Der Kreis", der mit der vieldeutigen Bemerkung endet, dass es kein Entrinnen aus der Geschichte gäbe. „Selbst die Erinnerung wird den Kreis vollenden. Nur eben in einer anderen Richtung."

Der vorliegende Band weckt viele Erinnerungen. Vielleicht aber auch ein Staunen. Denn die Welt, die hier beschrieben wird, ist fast vollständig untergegangen und scheint deshalb fremd und unnahbar. Es ist die Welt des Prenzlauer Bergs, die in den 1980er Jahren zwischen dem pulsierenden Alexanderplatz und dem beschaulich grünen Pankow zumindest äußerlich dahindämmerte. Und doch gab es hier, zwischen heruntergekommenen Mietskasernen, Häusern mit zerfressenen Fassaden, holprigen Kopfsteinpflasterstraßen, verqualmten Eckkneipen und Hinterhofwohnungen mit Ofenheizung und Außentoilette eine halbe Treppe tiefer, jenes Leben, dass das besondere Gefühl des Kiezes begründete. Freilich passte es damit in keine Glanzbroschüre und schon gar nicht in eine amtliche Propagandazeitung.

Im alten Berliner Arbeiterbezirk Prenzlauer Berg war die Zeit stehen geblieben. Und in dieser stehen gebliebenen Zeit richteten sich im Schatten der großen Magistralen, die Vergessenen, die Verstoßenen oder die aus der ganzen Republik freiwillig nach Berlin Geflüchteten, die Lebenskünstler und Lebensverweigerer ein. Sie kreierten eigene Lebensmodelle und bildeten mit den Alteingesessenen, die vielfach jede Art von Fortschritt ablehnten, eine merkwürdige Symbiose. Umgeben vom morbiden Charme des alten Berlin, blühte so im Kiez der „Fenglers", „Hackepeters" und „Schusterjungen" eine eigene Lebens- und Überlebenskultur. Sie machte den besonderen Reiz des Ortes aus, dem wir noch heute, und sei es nur in der Erinnerung, erlegen sind.

Der Fotograf Ron Jagers hat sich seit 1979 auf die Suche gemacht, das Besondere dieses Kiezes und seiner Menschen im Bild festzuhalten. Mit seinem fremden „niederländischen Blick", sah er sich mit einer DDR-Wirklichkeit konfrontiert, die so gar nicht in das offizielle Bild des Arbeiter- und Bauernstaates passte. Herausgekommen sind sehr eigenwillige Porträts von Menschen, Häusern, Straßen und Plätzen. Mit seiner Kamera beschrieb er Szenen, die einmalige Zeitdokumente sind und die die legendäre Welt des Prenzlauer Bergs wieder auferstehen lassen.

Meine überwiegend zeitgleich entstandenen Prosatexte habe ich den Fotos zugeordnet. Auch diese Texte wollen „Hinter die Stille" eines Kiezes schauen, der gar nicht so still war. Neben den Orts- und Zustands- gibt es auch zahlreiche Personenbeschreibungen. Letztere sind authentischen Ursprungs, wenngleich die Namen geändert sind.

Unser Dank gilt dem Mitteldeutschen Verlag für die Unterstützung dieses Projektes. Dank gilt auch Herrn Wolfgang Krause vom Pankow-Museum für wertvolle Hinweise. Besonders danken wir Frau Claudia Peikert für die organisatorische und technische Unterstützung. Ohne ihr Engagement wäre das Buch so nicht zustande gekommen.

Andreas H. Apelt

Vergessen

Wir hätten vergessen müssen. So wie man alles vergessen muss, was einem das Herz schwer macht. Aber das Vergessen sortiert nicht. Die Sehnsucht mischt sich mit der Wehmut. Der Schrecken wacht hinter den Bildern. Das Lächeln ein verzerrter Schrei.
Das Vergessen hört nicht. Es hört auf kein Wort, auf keinen Befehl.
Das Vergessen lässt sich nicht verordnen. Nicht einnehmen wie eine Pille gegen den Schmerz. Es lässt sich nicht einschalten. Es lässt sich nicht ausschalten.
So geht die Erinnerung in uns um. Sie klopft an die Türen. Und die Vergangenheit öffnet. Mit ihren Kindern, die selbst schon Geschichte sind.
Hinter den Türen der Zeit geht die Erinnerung fremd. Fremd mit Worten und Sätzen, fremd mit Bildern und Klängen.
Die Vergangenheit gebiert Gespenster. Die Gespenster gedeihen in den Gedanken.
Die Gedanken fressen sich in die Bäuche. Dort liegen sie wie Steine oder Geschwüre. Sie lassen sich nicht operieren, nicht herausreißen, nicht erschlagen. Dabei wollen wir nur vergessen. Nur das Eine vergessen, ohne uns der Wehmut zu berauben, die das Gewesene umfängt. Weil im Schrecklichen auch immer der Frieden schlummert. Das Heil der Welt.
Wir können nicht fliehen. Nicht aus unserem Kopf, in dem die Erinnerung wohnt. Und die Vergangenheit die Betten bereitet, in denen wir schlafen müssen.
Die Erinnerung ist eine Hure. Mit einem goldenen Pinselchen pudert sie ihr Gesicht. Und doch schauen wir hinter die Fassade.
Wir können nicht anders. Denn die Neugierde siegt über den Verstand.
Und so treten wir in die Welt der Erinnerung, wie vor einen Spiegel, in dem wir uns finden oder verlieren.

U-Bahnhof Dimitroffstraße (heute Eberswalder Straße), 1979

Der Morgen

Langsam steigt die Sonne aus dem schwarzen Häusermeer. Licht im Dunstkreis des Morgens.
Der steht grau wie der Nebel. Atem von Millionen. Dazwischen die Kälte von Zeit. Erstarrt im Stein von Häusern und Straßen.
Und doch das große Erwachen. Zaghaft erst. Untrügliche Zeichen in den Lebensadern aus Beton und Asphalt. Autos, die in den Straßenschluchten treiben, fortgespült in den Strömen der Stadt. Strandgut in allen Farben. Motoren. Rauschend, röchelnd, ratternd, quietschend, kreischend.
Dort aus der Tiefe. Aus der blau ein giftiger Atem steigt.
Gas und Qualm und Dreck. Und dieser Dreck schwängert die Luft. Ein lärmender immer wiederkehrender Akt, der Ungeheuer gebiert. Und neues Gift.
Langsam erklimmt es die Fassaden. Frisst sich in Glas und Stein. Und in stille Zimmer.
Menschen erwachen, als wollten sie sich die Eingeweide aus den Leibern speien. Laut hallt der kranke Husten in den verlassenen Höfen. Dort, wo die Nacht noch auf dem Pflaster schläft.
Und dann ist doch die Sonne da. Eine richtige goldgelbe Sonne. Träge rollt sie lange Schatten in Straßen und Höfe.

Morgenspaziergang unter dem Viadukt Schönhauser Allee, 1983

Mit dem Strom

Irgendwann sind sie da. Einfach so da. Erst Wenige, deren Schritte sich in den leeren Häuserschluchten verlieren. Doch dann Viele, sehr Viele, Unzählige. Wie Ameisen strömen sie aus Türen und Toren, aus Gängen und Höfen. Rinnsale von Menschen, die sich in den Seitenstraßen vereinen. Und geschlossen den Hauptstraßen entgegeneilen. Magnetisiert vom Antrieb der Massen strömen sie den großen Magistralen entgegen. Dort werden sie zu reißenden Fluten, zu brodelnden Ungeheuern von Leben, atemlosen Menschenleben. Menschen, überall Menschen, eine breiförmige Masse, die nur langsam in die Schächte der U- und S-Bahnen versickert. Oder die Kreuzungen zwischen lärmendem Blech und Pappe verstopft. Es gibt kein Entkommen, kein Entrinnen im Anderssein.

Und so wollen die Menschen weiter, immer weiter. Zu Fuß oder in grauen stinkenden Schachteln auf Rädern, in großen und kleinen Maschinen und gelben quietschenden Schlangen. Angezogen von einem Ziel, das keiner zu kennen scheint. Das sie aber beseelt und mitreißt in die steinernen Eingeweide der Stadt.

Morgen in der Gneiststraße, 1982

Niemand

Das Feuer prasselte im Hof. Es zerbarst das Holz, es fraß Polster und Kartons, Kisten und Stiegen. Selbst Tücher, Laken und Mäntel verschlang das Feuer gierig. Laut krachend zersprang das Porzellan, Glaskugeln platzten, Flaschen und Bilderrahmen zersplitterten. In der Hitze knirschte ein alter lederner Sessel, Holzstühle krächzten, Spiegel klirrten, Gummistiefel zischten, Kissen fauchten. Es schrie aus der Glut.
Auch Schuller hätte schreien können. Wenigstens jetzt, wo er seine Bücher einzeln in das Feuer warf. Aber er schrie nicht. Sein Gesicht trug die Wut.
Das Feuer warf unruhige Schatten an die Hauswand. Die Hauswand gehörte dem letzten Hinterhaus. Hinter dem Hinterhaus war ein verwilderter Hof, der an einer hohen Brandmauer endete. Hier stand das Unkraut besonders hoch. Unrat lag in den Holunderbüschen, Brennnesseln standen zwischen zerschlagenen Dachziegeln und vom Moos überwucherten Betonsteinen.
Der Hof gehörte niemand, denn er lag hinter der letzten Häuserzeile. Mein Niemandsland, sagte Schuller und trug neuen Hausrat herbei, bis nichts mehr in seiner Wohnung blieb. Hell loderte die Flamme. Sie fraß sich in Kisten und Kartons, in gefüllte und leere Schachteln und Stapel von Zeitungen und Zeitschriften. Die Zungen stiegen in den nächtlichen Himmel. Der lag wie ein schwarzes Tuch über der Stadt.
Im Feuer knirschte das Holz, eine Schranktür krachte, Bretter knackten, ein Umhang knisterte, Lederriemen schnalzten. Es schrie aus der Glut.
Auch Schuller hätte schreien können. Wenigstens jetzt, wo auch sein Ausweis und das Tagebuch brannten. Aber er schrie nicht. Sein Gesicht trug die Wut.
Als Schuller seine Geburtsurkunde ins Feuer warf, war auch er ein Niemand. Ein Niemand im Niemandsland.
Jetzt konnte er gehen.
Wohin?
Das wusste er selbst nicht.
Sie aber wussten es.

Brennender Müllcontainer, Kastanienallee, 1984

Lange Schatten

Immer laufen wir den Schatten nach. Unseren Schatten, die schon in die Zukunft reichen.
Als wären sie unsere Vergangenheit. Und unsere Geschichte, aus der es kein Entrinnen gibt.
Und doch glauben wir, uns ihr zu stellen. Nicht als Untertan, sondern als Sieger.
Woher nur nehmen wir immer wieder diese Zuversicht, die nichts anderes als eine Anmaßung ist?

▲ Junge mit Gummiwagen, Lottumstraße, 1985

Schattenlauf, Gneiststraße, 1982

Gethsemane

Sonntag. Glocken läuten. Die zehnte Stunde stößt jeden Ton einzeln vom mächtigen Turm der Gethsemanekirche. Der Wind fängt die Töne auf und trägt sie hinaus in das graue Häusermeer. Über spitze Giebel, unzählige Dächer, verfallene Mauern und Kopfsteinpflasterstraßen.
Irgendwo geht der Klang in den Häuserschluchten unter. Oder verliert sich. Dort, wo er sich unter den gleichmäßigen Aufschlag von Schritten mischt. Kleinen feinen Frauenschritten.
Die gehen ihren Schatten nach. Und tausend kleinen Kreuzen. An denen Jesus geschlagen ist.
Die Kreuze hat die Sonne auf Straßen und Plätze gemalt. Damit der Klang vom Turm einen Weg findet, im Labyrinth der Stadt.
So, wie die Menschen.
In kleinen schwarzen Grüppchen strömen sie der Kirche entgegen. Gethsemane steht, stolz wie eine Festung im dicken roten Wams, und schluckt die schwarzen Punkte in ihren großen roten Backsteinbauch.

Sonntagmorgen, Gethsemanestraße/Ecke Pappelallee, 1984

Der Laden

Dass wir uns sogar in Worten spiegeln, sagt die alte Frau. Und lacht aus dem zahnlosen Mund.
Spiegeln? Der Mann am Ladeneingang legt die Stirn in Falten. Jetzt sieht er älter aus. Die dicken Arme stemmt er in die breiten Hüften. Die Hände sind schmutzig. Das Schwarze hat sich unter die Fingernägel geschoben.
Ein Denkmal, denkt die Frau. Ein Denkmal mit schwarzen Fingernägeln. Und will von einem Spiegel nichts wissen.
Ja, spiegeln, wiederholt sie deshalb und zeigt auf das Schild über dem Ladeneingang.
Das sind nur Worte, sagt der Mann. Die werden alt und verblassen irgendwann. Und können dann die Buchstaben nicht halten. So wie wir, das Wasser. Dabei lacht er.
Vielleicht bekommen die Wörter dann einen anderen Sinn, sagt die Frau.
Vielleicht. Das Denkmal hebt die breiten Schultern, wodurch auch die dicken Arme nach oben gehen. Und die Hände. Und mit ihnen das Schwarze unter den Fingernägeln.
Manchmal reicht schon ein fehlender Buchstabe, sagt die Frau.
Oder zwei.
Besser zwei.
Dem Mann ist das Lachen vergangen. Seine Stirn liegt wieder in Falten.
Auch die alte Frau macht ein nachdenkliches Gesicht.
So starren sie wortlos auf das Schild über dem Eingang, als erwarteten sie eine Botschaft aus einer anderen Welt.

Relikte vergangener Zeiten, 1987

Alter Herr, Hof Stargarder Straße, 1987

Der Liebhaber

Immer war er gekommen, in all den Jahren. Immer. Und das waren viele Jahre seit dem Krieg. Er war gekommen, um bei ihr zu sein. Nur einige Minuten erst. Dann aber auch mal eine viertel Stunde. Aber das war erst nach Jahren. Denn es war ein Besuch. Der Mann hatte keinen weiten Weg. Er wohnte unter ihr im ersten Stock links. Dort, wo seine Frau im Bett lag. Auch seit dem Krieg. Seine Frau konnte nicht mehr gehen. Schuld war eine Bombe. Die fiel aus einem dröhnenden Himmel. Und schlug in das Haus, um der Frau beide Beine zu nehmen. Und das Kind. Die Frau war schwanger, siebter Monat.

Nun lag sie da. An das Bett gefesselt seit vierzig Jahren. Und an die Hilfe ihres Mannes.

Der Mann hatte beide Beine behalten. Dabei war er im Krieg. Sogar Soldat war er gewesen. Fünf Jahre Soldat. Und das will schon was heißen, wenn einer danach noch beide Beine hat und beide Arme und den Kopf.

Die Frau war manchmal neidisch auf die Beine des Mannes. Aber sie liebte ihn trotzdem. Sie hatte auch keinen anderen, den sie lieben konnte.

Der Mann dachte auch manchmal an Beine. Aber das waren Frauenbeine. Und die hatte nur die Frau im zweiten Stock.

Die Beine waren das Einzige, was er sehen wollte. Das Gesicht nicht. Vielleicht, weil er an seine eigene Frau dachte. Und an zwei gesunde Beine, wo jetzt nur Stummel waren.

Vielleicht aber auch, weil die Frau eine Hexe war. So sagten es die Leute. Eine Hexe, die schielte. Und das aus zwei weit herausgequollenen Augäpfeln.

Dieser Frau aus dem zweiten Stock wollte niemand begegnen. Niemand im Treppenhaus, niemand in den Durchfahrten, niemand im Keller. Niemand im Hof, nicht an den Mülltonnen, noch unter den Wäschestangen. Die Kinder hatten Angst, die Erwachsenen auch.

Nur einer nicht, der Mann aus dem ersten Stock. Denn er sah nur die Beine. Das waren keine Hexenbeine. Zwei richtige Beine. Mit Leben darin.

Die Frau im Bett wusste nichts von der Frau mit den zwei Beinen. Wie auch? Sie hatte die Wohnung nie verlassen. Jedenfalls nicht seit dem Krieg.

So hatte der Mann seine Zeit. Erst einige Minuten nach dem Einkauf oder Kohlenholen, dann auch mal eine viertel Stunde. Er schlich durch das Treppenhaus, wie ein Dieb. Trotzdem wollten ihn die Holzdielen verraten. Ihn, den Mann der noch zwei Beine hatte. Und zwei Arme und den Kopf, die er mit aus dem Krieg gebracht hatte. Und der jetzt ein schlechtes Gewissen in das nächste Stockwerk trug. Mit schwerem Atem.

Schon hörte er die Dielen auf den Treppenabsätzen knarren, röcheln, schreien. Als springe ihm das Herz an die eigene Kehle. Das rote laut schlagende Gewissensherz.

Hinterhofidylle, 1987

Die Buchstaben

Aus der Ferne rauschte ein vertrauter Ton heran. Er war wie ein Rasseln. Wie ein Rasseln von tausend kleinen mechanischen Füßchen. Und die wanderten durchs Haus. Man konnte nicht ausmachen, woher sie kamen und schon gar nicht, wohin sie gingen. Sie waren einfach da, als hätte sie jemand gerufen. Aber wer?

Nachts, wenn Hülsmann wach lag, hörte er sie. Immer nachts. Dieses Rasseln, dieses ferne mechanische Rasseln. Wie kleine Füße gingen die Anschläge durchs Haus. Mal lauter, mal leiser. Erst später, sehr viel später, begriff er, dass es Schreibmaschinenrasseln war. Dieses monotone Hämmern, das Einschlagen von tintenschwarzen Buchstaben in dünne weiße Blätter.

Was nur, dachte Hülsmann, schreibt der neue Nachbar. Und drehte sich auf die andere Seite. Da war die kalte weiße Wand. Aber auch sie gab keine Ruhe, denn die kurzen mechanischen Schrittchen hangelten sich an ihr empor. Höher und höher, als müssten die Legionen eine winterliche Felswand erklimmen. Und dabei ihre Füßchen in die weiße Wand schlagen.

Der Nachbar schreibt doch nur, versuchte Hülsmann sich zu beruhigen.

So drehte er sich erneut, als könnte er dadurch den Schrittchen entfliehen. Aber nein, auch das half nichts. Die Schritte blieben und marschierten nun geschlossen durch das nächtliche Zimmer. Mal auf, mal ab, aber fast immer um den kleinen Tisch, auf dem Stapel von Büchern und Zettel lagen.

Auch der helle Mond, der durchs Fenster trat, hörte die Schritte. Vielleicht sah er sie auch. Denn sie waren schwarz wie Buchstaben. Und bildeten lange Reihen, mit Silben und Wörtern, die einen Sinn ergaben. So viel Sinn, dass sie Seiten füllten und Ordner, richtige Aktenordner. Und die Aktenordner füllten Regale. Und die Regale füllten Räume. Kalte Räume, in denen das Neonlicht flackerte.

Vor allem aber warfen die Buchstaben lange Schatten. Ganz lange Schatten sogar. Aber das lag nicht am hellen Mond.

Durchfahrt in den Hinterhof, 1986

Kellnerin, 1987

Angie

Immer wenn der dicke Zeiger auf der Drei steht, ist es soweit. Sie drückt das Aluminiumtablett, auf das sie Kaffeekännchen, Tasse und Untertasse gestellt hat, gegen den schmalen Bauch und läuft durch das Lokal. Vorbei an dem klappernden Ventilator über dem Eingang. Vorbei an der alten Musikbox aus den fünfziger Jahren und den schwitzenden Wänden, denen das Wasser über den vernarbten Ölsockel läuft. Vorbei an den drängelnden Kohlenträgern mit den weißen Hemden und schwarzen Kragen, den verblühten Damen in bunten Blümchenkleidern, den Schlossern mit den zernarbten Händen, den verschwitzten Möbelträgern, den übel riechenden Müllfahrern und den Zimmerleuten, die ihre Fingerstumpen hinter gefüllten Gläsern verstecken. Ein Dutzend Augen laufen ihr nach, ihrem wehenden, rot gefärbten Haar, den schwingenden Hüften, den elegant gesetzten Schritten.
Am Ecktisch bleibt sie stehen, stellt Kaffeekännchen, Tasse und Untertasse ab und macht eine leichte Verbeugung. Die Männer am Tresen wischen sich das Feuchte aus den Mundwinkeln.
Am Tisch sitzt ein eingefallenes altes Männlein. Sein Anzug aus feinem Tuch und der großkarierte Binder verraten ihn. Kaffeetrinkend thront er dort und schreibt Abrechnungen. Jeden Tag. Drei Kellnerinnen hat der schon überlebt, sagen die Leute. Drei Kellnerinnen in sechzig Jahren.
Aber so eine dickbusige mit großen braunen Augen war noch nie dabei, sagt einer der Zimmermänner. Seine Fingerstumpen vergräbt er dabei in der Hosentasche. Niemand widerspricht.
Zitternd führt der Alte die Tasse zum Mund. Dabei glänzen zwei dicke Siegelringe. Nippt nur und setzt wieder ab. Ein Kännchen pro Abend, zwei am Tag.
Die Angie schafft er auch noch, flüstert eine der verblühten Damen vom Tresen und kichert.
Die schaffe ich auch noch!, schnalzt ein Kohlenträger mit stoppligem Gesicht dazwischen. So ein knackiges junges Ding. Die würde ich …
Die Dame unterbricht ihr Kichern und macht große Augen.
… die würdest du nicht mal anfassen, fährt sie laut dazwischen.

Nicht mal das, nicken die umstehenden Männer zustimmend und lachen. Dabei schauen sie neidisch auf den runden Stammtisch. Denn nur die Gäste am Stammtisch klopfen manchmal auf Angies Hintern. Die dürfen das. Natürlich nur, wenn das Trinkgeld stimmt. Aber dieses Glück ist selten.

Meistens laufen auch ihre Augen nur Angie nach, dem wehenden roten Haar, den schwingenden Hüften und den elegant gesetzten Schritten. Nervös blasen sie dann graue Qualmwolken in die Höhe und drücken sich vorsichtig an die kranke Wand hinter dem Stammtisch. Die Wand hat doch die Blattern, sagt Angie und hebt die Augenbrauen. Das ist in alten Häusern wie eine Seuche. Zu viel Wasser, sagen die Leute. Die Feuchtigkeit steigt aus den Grundmauern. Dann ist der Putz wie ein vollgesaugter Schwamm und am Ende fällt er ab.

Schöne Bescherung.

Wenigstens die vielen kleinen Tierchen, die die Wand wie einen Fels erklimmen, fühlen sich wohl. So sagt es Angie, wenn sich einer über die kranke Wand beschwert. Ist schließlich nicht ansteckend.

Die Krankheit könnte man auch riechen, wenn man will. Hat schließlich auch etwas, dieser Geruch.

Fast anziehend, dieses süße Modernde, sagt einer der Müllfahrer, legt die Hände auf die Brust und atmet tief durch. Wie nach Verwesung.

Und nach Liebe, ergänzt sein Nachbar. Nach Fleisch, richtigem Fleisch und Schweiß. Dabei schließt er die Augen und lässt die Zunge um den geöffneten Mund kreisen.

Wenn dann noch Angie vorbeikommt und den Duft eines unbekannten Parfüms hinterlässt, der sich schnell mit dem Geruch im Lokal mischt, schließen auch andere Gäste die Augen.

Hört auf zu träumen, rufen dann die Damen vom Tresen. Sind schließlich auch noch da!

Und für die Blattern kann auch keiner.

Nein, dafür kann keiner. Jedenfalls nicht im „Luftikus", wie das Lokal heißt.

Auf jeden Fall kann die Wand nicht mal eine Tapete tragen! So haben es die Maler schon gesagt und es gar nicht mehr versucht. Den Tapetenkleister haben sie lieber gegen ein paar Frischpils am Tresen getauscht.

Bei der Wand kann man froh sein, dass die zwei gerahmten Fotos noch hängen, sagt einer der Stammgäste. Aber auch die kann schon keiner mehr erkennen. Die Feuchte hat die Konturen gebleicht und die Ränder zerfressen. Nur das eingefallene

Männlein am Ecktisch könnte noch etwas darüber erzählen. Aber das schreibt Rechnungen.

Nein, sagen die Gäste am Stammtisch, zu machen ist da nichts mehr. Und ihre Köpfe gehen wie aufgezogen nach oben und unten. Nein, nichts mehr.

Wenn's schlimmer wird, schieben wir die Musikbox vor die Wand, lacht Angie. Die Kellerasseln würden sich freuen.

Aber nicht nur die. Denn die Musikbox kreischt noch immer für eine halbe Mark Hits der fünfziger Jahre. Samstagabends kann man sogar danach tanzen. Manchmal auch freitags. Immer dann, wenn jemand den Tanz eröffnet. Oft ist allerdings das Klappern des Ventilators über dem Eingang lauter als die Musikbox. Da wissen die Tanzpaare dann nicht, ob sie nach Platte oder Ventilator tanzen. Aber auch das ist egal.

Wenigstens es dreht sich, sagen die Gäste.

Angie hat dann Mühe, das Lokal wieder zum Stehen zu bringen, denn auch ihr wird ganz schwindlig.

Noch eine Trommel Pils und die Kurzen nicht vergessen! So geht das in einer Tour. Immer und immer wieder.

Vielleicht wäre alles so weitergegangen. Mit Angie und dem Chef am Ecktisch, der sehr reich war, wie die Leute versichern. Aber bei den Leuten sind alle Chefs reich.

Der Chef ist gestorben, irgendwann. Das Klappern des Ventilators hat sein Stöhnen erstickt. Er war schon kalt als Angie das zweite Kännchen brachte.

Und Angie? Angie machte Karriere!

Wisst ihr noch, so prosten sich die Männer am Tresen zu. Das knackige rote Ding, der man immer auf den runden Hintern hauen konnte!

Ja, da war wenigstens was drin in der Hose!, ruft einer der Zimmerleute.

Von der Bluse ganz zu schweigen!, ergänzt der Kohlenträger und macht ein vielsagendes Gesicht. Die Männer heben die Augenbrauen und schauen sich fragend an.

Es muss so gewesen sein, jetzt wo Angie nicht widersprechen kann.

Aufgestiegen ist die und will von uns nichts mehr wissen, meinen die verblühten Damen. In so einem piekfeinen Ding.

Nachtbar, sagt der Zimmermann und zieht die Augenbrauen hoch. Auch jetzt widerspricht niemand.

Ja, Angie ist weg. Die Blattern sind geblieben. Sie nagen an den durchschwitzten Wänden, denen das Alter nicht die Zeit lässt, in Ruhe zu sterben.

Sommerhitze

Der große Himmel ist leer und trocken.
Das Himmelstuch vergilbt im Blau. Es hängt in Fetzen über den Dächern. Dort, wo die Sonne ihre Strahlen unter die glühenden Ziegel schiebt.
Der Sommer drückt die Hitze in die stillen Höfe. Ein großer Brei, der zwischen den Häuserfronten wabert. Und flimmert wie ein Meer aus Trägheit.
Auf den Straßen wird die Sonne satt. Sie löffelt die letzten Schatten aus. In die leeren Schatten steigt das Licht.
Die Zeit hängt träge an den Zeigern. Auf den Uhren schleppen sich die Minuten voran.
Die Menschen haben sich in die Häuser verkrochen. Oder hinter dicke Mauern. Zwischen ihren Köpfen steht die Luft. In ihren Mündern klebt der Sommer.

▲ Choriner Straße/Ecke Fehrbelliner Straße, 1988

Neugieriger Mann, 1979

Kohlentransport, 1987

Günther

Günther wohnte unter dem Dach. Oben, im vierten Stock. Das Dach wohnte unter dem Himmel. Der Himmel war grau. Auch hier im zweiten Hof.

So grau wie die Mülltonnen. Die standen wie dicke Zwerge vor der alten Mauer. Dort neben dem Durchgang zum ersten Hof. Ihre Gesichter hatte die Zeit zerkratzt. Die Bäuche verbeult. Der einzige Ton, der aus ihren großen eisernen Mündern stieg, war ein Quietschen. Oder ein Kreischen. Herzzerreißend, als ginge es um ihr Leben.

Die verbeulten Zwerge warfen auch Schatten. Aber das war selten. Nur an wenigen Tagen im Sommer kam die Sonne in den Hof. Das lag an den Häusern, die den Hof umstanden.

Auch hinter dem Tor gab es dann Schatten. Sodass sich das Tor verdoppelte. Dabei war das Tor gar kein Tor, sondern ein Eisengestell zum Teppichklopfen. Zwei Stangen, die schief aus dem grauen Betonboden ragten und eine rostige Querstange hielten. Aber die konnte schon lange keinen Teppich mehr tragen. Nur noch den alten Himmel. Und manchmal den Schatten, wenn die Sonne es über die Häuser schaffte.

Günther kannte das Tor. Schon als Kind hatte er auf den „Kasten" geschossen. Denn Günther hat gern Fußball gespielt. Der zweite Hof hatte eine Mannschaft, auch der erste. Günther war im Sturm. Verteidigt haben die Zwerge, auch wenn sie bewegungslos vor dem „Kasten" standen.

Aber das war lange her. Geblieben war nur die Erinnerung. Bilder von gekonnten Dribblings und waghalsigen Schüssen. Auch das Geschrei lärmender Kinder füllte noch Jahre den Hof. Geblieben war auch der Geruch nach verfaultem Holz und feuchter Erde. Der stieg sogar bis in den vierten Stock hinauf. Dort, wo der Günther noch immer unter dem Dach wohnte.

Geblieben war auch der graue Himmel. Und die Schatten. Die standen noch immer hinter dem Tor. Aber nur, wenn die Sonne es über die Häuser schaffte.

Eines Tages ist der Schatten breit und dick geworden. Irgendwie unförmig. Als wäre da wieder ein Teppich. Aber die Querstange konnte keinen Teppich mehr tragen. Nicht einmal den Günther.

So hat sich der Günther an einem Pfosten aufgehängt. Ganz oben.

Dazu hatte er sich auf eine Tonne stellen müssen. Auf eine Zwergtonne mit zerkratztem Gesicht und verbeultem Bauch. Der dicke Zwerg, der einmal Verteidiger spielte, hat nicht mal gestöhnt. Dabei hat ihm der Günther den Kopf eingedrückt.

Auch ein Polizist hat sich auf den Zwerg gestellt, sonst hätte man den Günther nicht abnehmen können.

Nun liegt er da, der Günther, mitten im Tor. Zwischen den beiden Stangen, die schief aus dem Beton ragen.

Die Schatten sind weg, verschwunden. Vielleicht, weil es die Sonne nicht mehr ausgehalten hat im zweiten Hof.

Die Zwerge vor der alten Mauer machen traurige Gesichter.

Hinterhofordnung mit Mülltonnen, 1987

Seelenverwandtschaft

Nein, es will nicht aus dem Kopf. Das alte Haus, das sich in einer der Nebenstraßen versteckte. So als schämte es sich. Aber wovor?

Vielleicht, weil sich in großen Städten, in denen Hass und Neid wohnen, immer welche schämen. Aber was heißt das schon, Scham.

Das ist wie mit den Menschen, da gibt es hässliche und schöne, schüchterne und stolze, arme und reiche.

Am Ende ist das egal. Bei den Häusern muss das auch so sein. Denn es gibt etwas hinter dem Schein von Fassaden, etwas das sich hinter Mauern, Fensternischen und grauen Hofeinfahrten versteckt. Dort wo die Kraft der Sonne nicht hinreicht und selbst das Licht, das aus den Fenstern, Aufgängen, Kellern und Höfen dringt, keinen Zugang hat.

Auch Häuser tragen dieses Geheimnis. Sie haben eine Seele. Oder Charakter.

Doch nur selten sind die Menschen diesem Geheimnis nah. Vielleicht nachts, wenn sie vom plötzlichen Löschen des Lichts überrascht, im dunklen Treppenhaus ausharren. Und jedem der Geräusche lauschen, das da aus Mauerritzen, Dielenböden und dem bröckelnden Wandputz steigt. Oder aus fremden Zimmern, von deren Existenz bislang niemand wusste.

Dann redet auch das Haus mit den Menschen. Ganz leise erst, aber dann lauter und klarer.

Und vielleicht erzählt es dann von der Scham und der Furcht, vom Stolz und der Liebe.

Werkstattgebäude vor Hinterhaus, Pappelallee, 1988

Hackepeter

Annemarie, scheiden tut weh ... So dringt es noch immer aus dem Eckhaus. Durch Türritzen und Fenstersimse, unter heruntergelassenen Holzrollos und durch Mauerrisse hindurch, aus Löchern, Spalten und Vorsprüngen. Musik. Sie quillt aus dem Inneren wie eine ferne Stimme.
Wie aus einer fernen heilen Welt. Mit einem Namen und was für einem. Und einem Programm. „Hackepeter".
Knaak, Ecke Dimitroff. Keine Kneipe, kein Lokal. Ein Restaurant! Mindestens eine Gaststätte. Gehoben, versteht sich.
Kein Andrang am Tresen. Und schon gar keinen Stehplatz.
Hier wird bedient, mein Herr! Richtig bedient, versteht sich.
Und das seit fünfzig Jahren.
Also, haben Sie reserviert, mein Herr?
Ein kühler Empfang, wie eh und je. Der durchbohrende und gleichsam abschätzende Blick des Wirts. Vorn am Schanktisch hinter dem Eingang. Da hilft kein Lächeln des Gastes. Vertrauen ist gut, Kontrolle ist besser.
Reserviert noch besser. Denn am Abend gibt es kaum einen freien Platz.
Bedaure.
Schade.
Oder doch, warten Sie!
Aber worauf? Auf einen freien Stuhl?
Bitte durchtreten!
Danke.
Nicht mal das Mobiliar hat in den fünfzig Jahren gewechselt. Das Mobiliar nicht, der Holztresen nicht, die Gardinen nicht, die braun-weißen Tischdecken nicht, schon gar nicht die Tapete, die der Zigarettenqualm gelbbraun färbte.
Und vielleicht haben nicht einmal die Kellner gewechselt. Jene flink dahineilenden Herren mit streng gescheitelten Kurzhaarschnitten und weißen Hemden. Und, wie es sich gehört, mit schwarzen Fliegen. Die akkuraten Gesten der Kellner lassen glauben, die Männer wären mechanisch aufgezogen. Doch steckt kein Schlüssel in ihrem Rücken.

▲ Spielplatz, Kopenhagener Straße, 1985

Also, nehmen Sie Platz, mein Herr!
Gern.
Ja bitte, mein Herr. Sie wünschen, mein Herr?
Das Übliche.
Selbstverständlich mein Herr. Ganz zu Diensten!
Also doch, Service.
Hackepeterservice, selbst vor dem Klo.
Da sitzt eine ältere Dame, hager wie eine vertrocknete Blume, im bunten Blümchenkleid. An einem Tischchen, das ein Reserviert-Schild trägt. Ordnung muss sein.
Vor ihr auch das kleine Tellerchen. Darauf nur wenige Groschen. Und Fünfer, zu denen die Leute Sechser sagen und Pfennige. Unentwegt angestarrt von der Frau, als müsste sie nicht den Obolus der Gäste, sondern die britischen Kronjuwelen bewachen. Unterbrochen nur vom Klimpern des Geldes und einem: Dankeschön, mein Herr! Oder einem: Sehr Recht, meine Dame!
Aber gern geschehen.
Und da ist die Musik, richtige Musik. Zwei Männer, sechzig, siebzig Jahre alt. Braune Anzüge, Seitenscheitel, Pomade. Schlagzeug und Akkordeon. Und manchmal Gesang. Deutsch, versteht sich. Was auch sonst. Versteht sonst eh keiner!
Also, *Junge komm bald wieder, komm bald wieder zurück …*
Na bitte. Da schmeckt das Bier gleich ganz anders. Und der Kurze.
Von der Bockwurst ganz zu schweigen. Das Hauptgericht, mit oder ohne Kartoffelsalat.
Und dann endlich, der Tanz! Auch wenn die kleine Tanzfläche vor der Kapelle nur zwei Pärchen fasst. Und vielleicht noch einen Kellner, der sich durchdrängeln muss.
Vorsicht, meine Herrschaften!
Aber gern.
Na bitte, geht doch.
Junge komm bald wieder, komm bald wieder zurück …
So also ist das in einem Restaurant im Prenzlauer Berg. Ach was, in dem Restaurant vom Prenzlauer Berg.

Noch Fragen?
Besser nicht.
Also, noch ein Lied. *Annemarie, scheiden tut weh ...* Und nicht nur das.
Auch vom Hackepeter muss man scheiden. Genau dann, wenn es am Gemütlichsten ist.
Tut mir leid, mein Herr.
Dabei macht es erst um ein Uhr dicht. Nicht schon um zwölf, wie die anderen Lokalitäten der Umgebung.
Eben ein Restaurant und was Besonderes.
Ja, was ganz Besonderes.
Ihre Rechnung, mein Herr.
Danke.
Beehren Sie uns bald wieder, mein Herr!
Beehren! Was für ein Wort!
Die neue Zeit hat den Hackepeter nicht mehr beehrt.
Was bleibt, ist die Erinnerung. An die Musik, den Tanz, die Klofrau im Blümchenkleid, die Kellner mit ihren akkuraten Kurzhaarschnitten und mechanischen Bewegungen in weißen Hemden. Und die gelbbraunen Tapeten. Aber beehrt die Erinnerung?
Annemarie, scheiden tut weh ...

Wegweiser ins Glück, 1979

Die Augen

Wenn die Dunkelheit in die engen Straßen steigt, rücken die Häuser noch enger aneinander. Dann beginnen auch die Augen zu wandern. Augen, denen die Sehnsucht die Angst nimmt, entdeckt zu werden.

Hinter dunklen Gardinen und schweren Vorhänge treten sie hervor. Fiebernd nach jenem Licht, das gelb aus einer fremden Fassade fällt. Fensterlicht, das sich vor schwarze Abgründe stellt. Rechteckig und warm. Dort auf der anderen Straßenseite. Stumm gehen die Augen aus. Eingeladen von der Neugier.

So klopfen sie bei ihren Gastgebern nicht einmal an. Nein, sie treten ein, als glauben sie sich schon erwartet. Mobiliar, Tapeten, Bilder und Blumen musternd, wandern sie durch fremde und doch so vertraute Zimmer und Räume. Und nehmen an gedeckten Tischen, in bequemen Sesseln, hinter aufgeschlagenen Zeitungen und vor nervös flimmernden Fernsehern Platz. Und begleiten manch Gespräch, dem sie wortlos folgen, mit aufgewecktem Blick und verständigem Nicken.

Betört und hingerissen gehen sie über, die Augen. Und werden Teil dieses anderen Seins, während sie sich des eigenen entfremden. Und nicht mehr gehen mögen aus dieser neuen alten Welt. Nicht gehen von einer Heimstatt, die ihnen in aller Stille Geborgenheit schenkt. So bleiben sie, wie vertraute Gäste, denen jede Scham fremd ist.

So fremd, dass sie auch dort schlafen. Aber nur, wenn es spät wird und sie nicht mehr nach Hause finden. Dann kriechen sie im schwachen Schein einer Nachttischlampe oder Kerze in die Betten der Gastgeber und Gastgeberinnen. Und nehmen die Wärme des Lebens begehrlich auf. So, als hätten sie einen Anspruch. Einen Anspruch auf Nähe und mehr noch auf Liebe.

Und schleichen sich erst wieder davon, wenn der Morgen das Licht aus den Schlafzimmern stiehlt, es in Streifen reißt und goldgelb auf die Dächer der Stadt legt.

Frau am Fenster, 1985

Die Schritte

Irgendwann sind sie wieder da, die Schritte. Sie kommen die regennasse Straße herauf.
Hohl und leer klingen sie in den Häuserschluchten. Gleichmäßig wie das Plätschern des Wassers in den alten, von der Zeit zerfressenen Regenrinnen und Fallrohren schlagen sie auf das Kopfsteinpflaster.
Genau dorthin, wo sich das matte gelbe Licht der Straßenlaternen spiegelt. Aber Schatten werfen sie nicht.
Und so gehen sie die Straße hinauf, drehen an der Kreuzung und kommen zurück. Immer kommen sie zurück. Und schlagen die Töne in die Nacht. Verlassene, einsame Töne, die niemand hört. Töne, die immer zurückkommen. Schattenlos.
Und so gehen sie weiter, die Schritte. Und gehen und gehen auf dem Kopfsteinpflaster. Die regennasse Straße hinauf, drehen an der Kreuzung und kommen zurück.

Spiegelbilder, 1987

„Die Angst hat ein Auto", 1987

Heisigs Angst

Es ist dunkel. So dunkel wie die Nacht.
Die Häuser stehen schwarz gegen den Himmel.
Die Straßenlaternen malen blasse Kreise. Sie verlieren sich in den Straßen.
Wie der Regen. Der plätschert in den verrosteten Fallrohren.
Die Angst findet sich. Raumerstraße 24. Dort wohnt Heisig.
Heisig war Lehrer. War, denn irgendetwas hat er falsch gemacht.
Da haben sie Heisig abgeholt. Direkt von der Schule.
Wie einen, auf den sie schon gewartet haben.
Seitdem hat Heisig dieses Gefühl. Angst.
Die Nacht drückt sie in seinen Kopf.
Die Angst hängt zwischen den Ohren, sagt Heisig. So laut ist sie.
Sie kommt mit dem Regen. Und der Nacht. Deshalb kann Heisig sie sehen.
Sie steht dann hinter den Augen, weiß wie die Pupillen. Ein Leuchten. Autoleuchten.
Die Angst ist ein Schatten. Ein langer Schatten.
Die Angst hat ein Auto. Ein dunkles Auto mit einem Fahrer und einem Beifahrer. Die Angst ist männlich.
Angstfahrer, sagt Heisig.
Es ist eine amtliche Angst. Mit Ausweis und Stempel. Und Macht.
Die überfahren glattweg das Leben, sagt Heisig.
Das Auto steht vor dem Tor. Eine Laterne steht vor dem Tor. Zwei Männer rauchen unter einem Schirm. Ihre Zigaretten glimmen. Der Rauch steigt in den Himmel. Rauch macht Angst.
Angst macht einsam.
Heisig ist das Reden vergangen. Weil immer einer zuhört, sagt er.
Also schreibt Heisig viel. Wenn er über die Angst schreibt, kriechen die Fingerspitzen in seinen Körper. Jeden Buchstaben tragen sie durch die Adern.
Heisig kann nicht schlafen. Die Angst drückt vom Kopf in den Bauch. So sehr, dass sich Heisig krümmen muss.

Heisig könnte kotzen. Aber die Angst würgt nur.

Im Mund wird sie immer größer. Wie Brei. Wortbrei, Satzbrei, Angstbrei. Sie lässt sich nicht kauen.

Heisigs Frau schläft schon, aber die Angst schläft nicht. Sie liegt zwischen den warmen Schenkeln von Heisigs Frau. Da ist dann kein Platz mehr für Heisig.

Heisig schwitzt. So wie er noch nie geschwitzt hat. Die Angst tritt aus allen Poren.

Heisig tritt ans Fenster. Er stellt sich hinter die Gardine. Auf der Straße sieht er das Auto. Und die Männer.

Die Angst schnarcht. Sie fällt aus dem Bett wie ein Sack. Ein Angstsack. Der läuft aus. Die Angst rieselt zwischen die Dielenbretter. Von dort kriecht sie unter den Dielen zu ihm ans Fenster. Der Wind greift unter die Gardinen.

Da reißt Heisig das Fenster auf und schreit. Er schreit in die Nacht.

Die Männer im Auto erschrecken nicht.

Dabei schreit er so laut. Überall gehen die Lichter an. Oder sind es die Sterne?

Heisig weiß es nicht. Er weiß gar nichts mehr.

Die Sterne, sagt Heisig zu seiner Frau. Die Sterne fallen mir auf den Kopf.

Die Frau lacht.

Der Heisig ist verrückt, sagen die Leute. So verrückt, dass sie ihn holen werden.

Der Unbekannte, 1987

Die Schwester der Schuld

Die große Schwester der Schuld ist die Angst.
Die Angst liebt die Schuld. Die Schuld liebt die Angst.
Die Schuld ist eitel. Sie braucht Ansehen. Die Angst schenkt der Schuld das Ansehen.
Die Schuld wohnt in dicken Büchern. Jeder Satz ist ein Zimmer, ein Schuldzimmer.
Durch die Schuldzimmer gehen Männer mit blank geputzten Schuhen. Sie dienen. Das Land liebt Diener. Sie sind die Väter der Schuld.
Die Schuld ist ein Denkmal. Das Denken ist in Stein gehauen. Der Stein denkt.
Dafür braucht es keine Mauer.
Die Angst wohnt in einem gelben Backsteinhaus. Das Haus steht an der Schönhauser Allee. Es hat lange Gänge und knarrende Treppenstufen. Und Türen, viele Türen. Die Türen tragen Nummern. Hinter den Türen sind Männer. Ihre Haare sind kurz. Sie sitzen hinter schwarzen Schreibmaschinen und rauchen. Neben sich liegen die Bücher der Schuld.
In die Maschinen hämmern sie Buchstaben. Jeder Buchstabe ist eine neue Angst. Jeder Satz macht sie groß. Jede Seite fett.
Die fette Angst ist ein Virus. Der hängt sich an Menschen. Unschuldige Menschen, schuldige Menschen. Der Angst ist das egal.
Die Männer hinter den Maschinen tragen den Virus in die Stadt, in Straßen und Häuser, in Höfe, Zimmer und Keller.
Die Angst gedeiht, denn sie ist nun eine große Seuche. Sie steckt an.
Und macht den Himmel dunkel.

▲ Winter, Wörtherstraße/Ecke Rykestraße, 1979

Verfolger, 1986

Fleischerei, Schönhauser Allee, 1984

Hitlers Hund

Nur der Ventilator war lauter. Sein Klappern übertönte das Stimmengewirr. Manche Rufe und das Lachen. Und erst recht das Gläserklirren.
Der Ventilator stand nie, sagten die Gäste und zeigten über die Eingangstür. Vier Blechbänder vibrierend vor der kleinen runden Öffnung, dahinter ein sich drehender Propeller. Das war der Fortschritt. Sonst gab es keinen Fortschritt, nicht im „Fengler".
Im Fengler gab es nur Vergangenheit. Gelebte Vergangenheit. Und Stillstand.
Dazwischen Menschen, junge und alte, dicke und dünne. Kneipenvolk.
Sie drängelten sich an die alten Holztische, den Tresen oder um den eisernen Kanonenofen. Der stand neben dem Tresen. Ein langes Rohr stieg von ihm hinauf unter die Decke. Dort schwebte es waagerecht über den Köpfen der Gäste. Mitten durch den Gastraum und schwarz wie eine Vorahnung.
Der Stillstand fraß sich in die Tische und Stühle, die Lampen, die Bilder, die Gläser, Bierdeckel und Aschenbecher. Und in die Hirne. Der Stillstand zehrte aus. Denn die Zeit war nicht stark genug. Nicht stark genug voranzuschreiten. Die Uhr über dem Tresen zeigte es an. Auch ihre Zeiger standen still.
Nur Mutter Fengler tat ihren Dienst. Tagein, tagaus. Seit fünfundsechzig Jahren.
Eine kleine hagere Frau im schwarzen Kleid. Als wartete sie auf ihre eigene Beerdigung. Das graue lange Haar fiel in das eingefallene Gesicht. Blass und blutleer stand es hinter dem Tresen. Nur die hellen Augen zeigten Bewegung. Musterten die kommenden und gehenden Gäste. Und irgendwann schien auch das egal.
Es war ihr Reich, dort zwischen Spülbecken und Zapfhahn. Und natürlich der Kasse. Zwei Quadratmeter groß ihr Leben. Zwei Quadratmeter, die Mutter Fengler gehörten. Ihr und ihrem schwarzen Kleid. Und dem großen Schäferhund.
Der lag zu ihren Füßen. Altersstarr mit grauem zerzaustem Fell. Das Graue lag auch über seinen Augen. Hitlers Hund, scherzten

die Gäste. Und hätten wetten wollen, wer von beiden eher geht. Mutter Fengler oder Hitlers Hund.
Aber so leicht stirbt es sich nicht. Nicht mal im Fengler, Lychener Straße. Auch wenn das alte Mietshaus mit der heruntergekommenen Fassade etwas anderes glauben machte. Den Schankhahn gab Mutter Fengler nicht frei. Nicht einmal dem Tod, der so oft neben sie getreten war.
Gemerkt hat das keiner.
Nur Hitlers Hund hat dann laut geknurrt. Da ist der fremde Gast ganz allein gegangen.
Trotzdem. Irgendwann blieb das „Fengler" zu. Der Rollladen hing schief vor der Eingangstür.
Die Wette hat keiner eingelöst.

Mobilität, 1987

Zukunft

Auch das. Zukunft.
Auf vier Rädern. Mit dem verächtlichen Blick auf das Gestern.
Respektlos.
Mit Kinderaugen. Und Kinderstolz.
Weil Räder rollen.
In eine Zukunft, die keine ist.

Kinder beim Spiel, Choriner Straße, 1988

Verstellte Wirklichkeit, 1987

▲ Nachwuchs im Kiez, Lychener Straße/Ecke Stargarder Straße, 1979

Die Puppe

Da stehen sie, mitten im Hinterhof. Noch Kinder und spielen doch schon Erwachsene. Vater und Mutter. Eltern und Großeltern. Man kann es an den Dialogen hören und den verstellten Stimmen. Sie haben eine Puppe.
Mein Baby, sagt ein Mädchen und reicht die Puppe behutsam weiter.
Man muss aufpassen, dass es nicht wach wird, mahnt die Stimme der Großmutter und schaukelt das Kind in den viel zu kurzen Armen.
Zu spät, sagt der Vater. Jetzt weint es.
Da nimmt die Mutter das Kind wieder an sich, drückt es gegen die schmale Brust und singt ein Liedchen. Sie kennt es selbst noch zu gut.
Jetzt ist es eingeschlafen, sagt der Vater.
Es schläft, sagen auch die Großeltern und streicheln das Kind. Die Mutter hat sich zu ihm hinüber gebeugt und flüstert etwas in die kleinen Öhrchen.
Ein liebes Kind, sagt stolz der Großvater.
Ja, lieb, nicken die Umstehenden.
Nur einer nickt nicht. Ein kräftiger Junge drängelt sich nach vorn. Mit seinen Ellbogen stößt er die Umstehenden zur Seite. Von wegen lieb, schreit er und packt das schlafende Kind.
Ein Raunen geht durch die kleine Menge. Entgeistert starren die Zuschauer auf die Szene. Einige halten sich vor Entsetzen die Hand vor den Mund. Aber sie sagen nichts. Vielleicht vor Schreck, vielleicht aus Angst, auch grob behandelt zu werden, vielleicht ... weil es nur ein Spiel ist.
Der Junge beobachtet die Umstehenden mit zusammengekniffenen Augen. Langsam dreht er seinen Kopf, damit er in alle blass gewordenen Mienen schauen kann. Er verliert die Zuschauer auch nicht aus den Augen, als er mit einer lässigen Handbewegung den Oberkörper des Kindes fallen lässt.
So hängt das Kind, von seiner starken Linken an den Füßen gehalten, mit dem Kopf in die Tiefe. Die Rechte stützt der Junge in die Hüfte. Es ist die Pose des Siegers.

Niemand sagt etwas. Die Zuschauer schweigen und schauen sich an. Einige starren verlegen auf den Boden, als suchten sie etwas. Sie haben nichts damit zu tun gehabt, werden sie später sagen. Die Mutigsten wenden sich ab und gehen. Manche sogar demonstrativ. Auch sie werden von nichts gewusst haben. Nein, wirklich nicht.

Aber es gibt auch welche, die sich neben den Jungen stellen, so wie man sich immer auf die Seite des Siegers stellt. Sogar der Vater des Kindes ist dabei. Seine Hand liegt kumpelhaft auf der Schulter des Stärkeren.

Das Gesicht des noch immer an den Füßen hängenden Kindes färbt sich langsam rosa, dann rot, dann dunkelrot. Die Wangen, die kleinen Puppenwangen werden violett. Die weißen Pupillen treten langsam aus den Augenhöhlen.

Ausflug mit Kind, 1988

Hinterhof am Helmholtzplatz, 1979

Der Krieg

Sie hatte gewartet. Immer hatte sie gewartet. Dort im ersten Hinterhof. Kastanienallee 14. Zweiter Stock, Seitenflügel links. Und sie hat vom Küchenfenster in den Hof geschaut. Vielleicht, weil sie dachte, er würde durch die große Hoftür kommen. Aber der Mann kam nicht.

Immer kamen nur die anderen. Und mit den anderen kam das Licht aus der Hauseinfahrt. Die Schritte auf den ausgetretenen Steinen. Und das Knarren der alten Hoftür. Das in ein helles Quietschen überging, weil die eisernen Angeln unter der Last stöhnten.

Aber vielleicht war es gar kein Stöhnen. Solche Türen stöhnen nicht, dachte die alte Frau im Küchenfenster, zweiter Stock, Seitenflügel links. Diese Türen schreien.

Und die Schritte trugen das Schreien auf kleinen und großen Sohlen durch das Vorderhaus in den ersten Hof. Sie trugen es wie eine Trophäe, wie eine erlegte Beute.

Auch der Frau war manchmal zum Schreien. Doch in Hinterhöfen schreit man nicht. Der alte Putz der Hausfassaden verträgt keinen Lärm. Auch die Mauern im Hof nicht. Und erst recht nicht der graue Steinboden. Obwohl der schon so rissig war und sogar den Regen aufnahm. Aber diese Schreie, nein, diese wollte er nicht. So irrte der Schrei durch den Hof. Und schlug gegen den bröckelnden Putz, die Mauern und auf den rissigen Boden. Wie ein Pingpongball.

Die Frau im zweiten Stock links wusste um das Schreien. Denn das Schreien der Hoftür stieg immer zu ihr hinauf. Dort lag es lange in ihren alten Ohren.

Es verriet die Kommenden. Aber noch mehr hallte es nach. Wie eine Erinnerung, die nur ihr gehörte.

Eine Erinnerung, die neben ihr am Fensterbrett Platz nahm. Oder im großen Sessel der guten Stube. Oder mit ihr im Bett lag. Im Doppelbett, denn dort war ein Platz frei. Seit dreißig Jahren frei. Oder länger. Aber so genau wusste das keiner.

Die Frau im ersten Hinterhof wartete. So wie sie immer gewartet hatte. Auf das Knarren und Quietschen der alten Hoftür. Auf

das Licht aus der Hauseinfahrt. Die Schritte auf dem rissigen Steinboden. Auf die Erinnerung, die allein ihr gehörte.
Und auf den Mann, der nicht kam.
Diesmal nicht.
Und auch sonst nicht. Denn der Mann lag in einer fremden Erde.

Vergänglichkeit, 1985

Namenlos

Nicht mal ein Name ist geblieben. Selbst der stille Portier im Hauseingang kennt sie nicht mehr. Der schwarze flache Kasten trägt nur noch eine blinde Scheibe. Dabei hat er einst die Namen der Mieter gehütet. Doch die Buchstaben sind zur Unkenntlichkeit verblasst. Spinnweben überziehen das morsche Holz.

Die Klingelschilder tragen auch keine Namen. Kein A und kein O. Die Zeit hat ihnen die Buchstaben geraubt.

Auch das Geschäft im Erdgeschoss hatte einen Namen. Das Eingangsschild hat ihn vergessen. Weil das Alter ihm die Emaille gestohlen hat. Und so bleiben zwei Buchstaben, aber die machen keinen Namen. Und keinen Inhalt. Und keine Bedeutung. Warum auch, wo Menschen sterben müssen und Häuser. Nur die Erinnerung kann Namen retten. Aber wie lange?

Alles krank, sagt ein alter Mann. Der kommt auf seinen Krücken daher. Alles krank, wiederholt er. Das Haus und ich.

Der Mann zeigt mit einer Krücke auf das Ladenschild. Ja, die Namen, sagt er, die vergehen. Vergehen wie das Leben. Erst werden sie ganz blass, die Buchstaben. Das machen die Jahreszeiten. Dann zerfrisst sie der Rost. Einen nach dem anderen. Und eines Tages sind sie weg, einfach weg. So wie die Buchstaben im Haus, weg von den Schildern und Aushängen.

Der Alte beugt sich nach vorn. Die Hand hält er halb vor dem Mund. Nur nachts, flüstert er, wenn die Menschen nicht schlafen können, kommen die Buchstaben zurück. Und laufen durchs Haus. Schnell oder langsam. Treppauf und treppab. Und manche sogar auf Krücken!

Der alte Mann schaut an sich herab. Und wie sie lärmen! Ja, sie poltern und rumpeln über die Stufen und Absätze. Weil sie doch nicht gut auf Krücken gehen können, die Buchstaben. Und sie schlagen gegen die Türen und Pfosten. Und finden doch keinen Einlass. Und keine Heimstatt. Keine!

Wirklich keine!

Vergilbte Reklame, Kastanienallee, 1988

Bestattungen, Greifenhagener Straße/Ecke Stargarder Straße

Der Abschiedsbrief

Musik ist die Sprache Gottes. So hatte er es gesagt, den Klavierdeckel hochgeklappt und zu spielen begonnen.

Hoffentlich werden die Nachbarn nicht wach, dachte er und berührte die Tasten nur sanft. Er wusste selbst nicht, warum er ausgerechnet jetzt Stücke aus Schumanns Kinderszenen spielte. Vielleicht weil seine Mutter dies spielte, als er klein war. Wie oft hatte er ausgerechnet die *Träumerei* bestellt. Wieder und immer wieder. Und sich fest entschlossen, wegen Schumann und der *Träumerei* Musiker zu werden.

Wie lange das her ist, dachte er. Wie lange.

Nun kam sie wieder daher, die *Träumerei*, mit frohen und heiteren Tönen. Seine Finger tanzten auf den Tasten, leicht und doch zaghaft. Und mit ihnen tanzten seine Gedanken, weniger zaghaft, weniger vorsichtig.

Doch bald wollten die Finger nicht weiter. Erschöpft schleppten sie sich voran. Schwerfällig, als trügen sie bleierne Schuhe. Ein tragisches Motiv nahm unaufhörlich seinen Lauf.

Der Mann versuchte die Finger vom Manual zu nehmen, aber sie blieben. Sie blieben und spielten, als hätte sie eine Sehnsucht ergriffen.

Tränen standen in seinen Augen. Sie liefen ihm über das Gesicht und tropften auf die Tasten.

Der Mann sah es nicht. Sein starrer Blick fiel auf ein Kuvert. Das lag auf dem Klavier.

Vielleicht hätte ich doch nicht schreiben sollen, dachte er. Wer schreibt schon einen Brief, wenn er nur die Straßenseite wechselt. Berlin ist doch Berlin.

Schumanns Träumerei endete, wie sie begonnen hatte. Sacht, zaghaft, fast zerbrechlich.

Leise klappte er den Klavierdeckel herunter. So leise, dass er die Nachbarn nicht aufweckte. Dann ging er zum Fenster. Hinter den Scheiben lief eine gelbe Schlange durch die Nacht. Vom vierten Stock des alten Mietshauses konnte er sie genau sehen. Ein Ungetüm, im gleißenden Licht Tausender Scheinwerfer.

Selbst der Himmel war über der Schlange hell geworden. So, als müsste auch er sich teilen.

Irgendwo bellten Hunde.

Er horchte in die Nacht. Doch alles wurde still.

So dachte er wieder an die Kinderszenen. Aber nicht mehr an die Träumerei, sondern an das erste Stück des Zyklus: *Von fremden Ländern und Menschen.* Er überlegte kurz, ob er es spielen sollte.

Aber nein, die Nachbarn würden wach werden. So blieb er am Fenster stehen und starrte auf die gelbe Schlange.

In der Nacht wurde die Nachbarin wach.

Schüsse, sagte sie zu ihrem Mann und trat im Schlafmantel an das Fenster. Hinter den Scheiben lief die gelbe Schlange durch die Nacht. Vom vierten Stock des alten Mietshauses konnte die Frau sie genau sehen.

Der Mann drehte sich auf die andere Seite.

Die haben wieder einen erschossen, sagte die Frau erregt.

Leg dich hin, sagte der Mann und schlafe. Das hilft.

Klaviertransport, Gneiststaße, 1989

Vorlandmauer, 1988

Ausreise

Gerlach steht vor der Kneipe. Es ist seine Kneipe. So würde er es sagen. Ihr hat er über Jahre die Treue gehalten. Wie einer Frau. Gerlach hat keine Frau.
Ein blasser Lichtstrahl fällt aus einem der Kneipenfenster auf Gerlachs Gesicht. Er malt das Gesicht gelb. Gelb und krank.
Starr wie ein Denkmal steht Gerlach auf dem Bürgersteig. Dabei ist der Abend gekommen. Gerlach hat ihn gar nicht bemerkt. Und mit ihm der Nebel. Novembernebel.
Der Nebel kriecht in Gerlachs Hose. Er macht die Beine und die Füße kalt. So kalt wie den ausgetretenen Stein unter ihm. Aber Gerlach achtet nicht darauf.
Gerlachs Blick läuft über die graue Fassade im Erdgeschoss, über Fenster und Fenstersimse, Mauersprünge, den bröckelnden Putz, die große Holztür, das Eingangsschild und die zwei Schultheißbuben. Die dicken Schultheißbuben sind hinter eine blinde Glasplatte gepresst und flankieren den Eingang. Sie tragen vergilbte rote Barockgewänder aus Brokat und weiße Hemden mit Spitze. Ihre Bierkrüge halten sie in die Höhe und lächeln.
Eine freundliche Einladung, denkt Gerlach und würde gern zurücklächeln. Oder gleich der freundlichen Einladung folgen. Aber Gerlach ist nicht zum Lächeln.
Hinter den Fenstern sieht Gerlach die Gäste. Eingehüllt in den Dunst von Bier, Schnaps, verbrauchtem Atem und Zigarettenqualm. Gerlach kennt die Gäste. Er könnte über jeden eine kurze Geschichte erzählen, wenn er wollte. Aber er will nicht. Er will überhaupt nicht reden. Nicht einmal mit sich selbst.
Der Ventilator über dem Eingang plappert dafür umso lauter. Er trägt das Stimmengewirr, Gelächter, Händeklatschen, Klirren und Klingeln der Gläser hinaus in die Nacht.
Ein vertrauter Chor, denkt Gerlach und versucht eine Melodie zu erkennen. Aber der klappernde Propeller lässt keine Melodie zu. Er reißt jeden Satz und jeden Ton in Fetzen. Die Wortfetzen stehen noch eine Weile in der kalten Luft. Dann fallen sie auf Gerlach hinab.

Gerlach will Abschied nehmen. Nur wer eine Familie hat, weiß, was das ist, denkt Gerlach. Abschied von seiner Kneipe mit ihrem abgenutzten Holzmobiliar, den karierten braun-weißen Tischdecken, dem Tresen, dem ausgetretenen Dielenboden, den speckigen Türrahmen. Abschied von der dicken Kellnerin mit dem schwarzen Haar, dem noch dickeren Wirt, den Stammgästen, die alle einen vertrauten Namen tragen und den namenlosen Schultheißbuben.
Auf Wiedersehen sagen. Aber Gerlach weiß, dass es kein Wiedersehen gibt. Denn wer geht, darf nicht zurück. Nie mehr.
Wie also nimmt man da Abschied? Gerlachs Gedanken ziehen große Kreise.
Auch das Wort Heimat umzingeln sie. Er wollte sie ja immer, die neue Heimat. Jahrelang hatte er auf die Genehmigung gewartet. Ausreise. Aber was ist das, Heimat? Was, wenn man schon an zwei Schultheißbuben scheitert.
Bis 24.00 Uhr hat Gerlach Zeit für die Ausreise. So steht es auf dem Schein. Der graue Schein hat einen amtlichen Stempel.
Die Kneipe aber schließt um ein Uhr. Tief vergräbt Gerlach seine Hände in den Taschen. So tief, als müsste er seine Gedanken mit vergraben. In den Taschen ist es kalt. Denn dort wohnt schon der Novembernebel.
Der Lärm aus dem Inneren der Kneipe erhebt sich jetzt wie ein Schlusschor. Er steigt in den grauen Himmel. Und fällt im traurigen Licht der Straßenlaternen herab wie Schnee. Auf dem Kopfsteinpflaster glänzt die Nacht mit feuchten Augen.
Vielleicht, so denkt Gerlach, sollte er doch auf das freundliche Angebot der beiden Männer im Barockkostüm zurückkommen. Ja, vielleicht. Vielleicht aber sollte er doch an die graue Mauer fahren.

Kollwitzstraße/Ecke Dimitroffstraße (heute Danziger), 1984

Einsamkeit, 1987

Hemmlings Pilgerweg

Das Leben ist nicht einfach. Überhaupt nicht einfach. Schon gar nicht für Jakob Hemmling. Denn Hemmling ist Künstler. Und Künstler haben es immer schwer. Am schwersten hat es Hemmling. Denn Hemmling wiegt zwei und einen halben Zentner. Sein Körper ist aufgeblasen, seine Ärmchen und Beinchen sind dünn. Jakob Hemmling ist ein Käfer. Ein großer Käfer.

Käfer haben kein Geld und kein Zuhause. Deshalb sitzt Hemmling schon am Nachmittag im „Wiener Café". Im WC, wie die Gäste abkürzen, wird viel getrunken. Hemmling trinkt Wein. Keinen Messwein, sondern schweren Roten, auch wenn im WC der Pilgerweg beginnt. Mein Jakobsweg, sagt Hemmling mit tiefer Stimme und schaut unter dicken Augenbrauen in die Runde seiner Gemeinde.

Die Gemeinde widerspricht nicht. Dabei wird im „Wiener Café" viel diskutiert. Auch Hemmling diskutiert, so, wie das alle Künstler machen. Vor allem die Literaten.

Also noch einen Roten, oder besser doch zwei.

Hemmling ist Maler. Und berühmt ist er auch. Aber das heißt nichts. Im WC sind alle Künstler berühmt, vor allem die Lebenskünstler. Hemmling hatte schon zwei Ausstellungen. Eine in der Lychener, eine andere in der Raumer. So heißen die Straßen ums Eck. Dachboden, fünf Treppen. Die Besucher ausgewählt, Szene sozusagen und nicht ganz offiziell.

Kunst ist eben nicht für jedermann, sagt Hemmling. Da braucht man einen langen Atem, schon wegen der Treppen.

Hemmling hat den Atem, trotz seines Gewichtes. Als Käfer und als Künstler. Dabei kann man im WC die Luft in Scheiben schneiden. So verqualmt ist es. Auch Hemmling raucht. Wie alle hier. Im Rauch kommen die besten Ideen.

Also Öl, sagt Hemmling mit pastoraler Stimme in die Nebelwand hinein. Öl, das ist für den Maler wie Blut. Christi Blut. Dabei hebt er den rechten Zeigefinger und fuchtelt vieldeutig in der dicken Luft.

Öl, versteht sich. Die Gemeinde nickt zustimmend.

Und abstrakt, sagt Hemmling. Das kommt von innen. Wie bei einer Erleuchtung.

Die Zuhörer verstehen und sehen schon eine göttliche Fügung. Jakob Hemmling im Lichtkranz. Der Meister genießt die Anerkennung. Auch Elvira genießt die Anerkennung. Dabei gehört sie ihr gar nicht.

Sie bräunt sich in meiner Sonne, sagt Hemmling und tätschelt Elviras makellose Gesicht.

Elvira ist Hemmlings Muse. Hemmling hat zwei Musen und drei Frauen. Für jede Lebenslage eine, sagt Hemmling und lacht.

Also dann noch einen Roten, oder besser gleich zwei.

Im WC einen Platz zu haben ist ein Privileg. Denn das Café ist bis auf den letzten Stuhl besetzt. Hemmling ist privilegiert. Vor dem Haus stehen die Gäste und warten, dass endlich etwas frei wird. Stehen und hoffen.

Hemmlings Hoffnung heißt nach drei Stunden WC: Santiago de Compostela. Ein Name, den Hemmling in die Runde raunt und der jetzt über den Köpfen steht. Jakobsweg, legt er nach, als verstünden die Gäste nicht die Zusammenhänge.

Die Gemeinde horcht auf. Doch Hemmling erklärt nicht. Hemmling schweigt. Er ist in sich gekehrt, heißt es. Er schaut in seinen Käferkörper hinein. Und horcht. Kontemplation nennt er das. Mit Kontemplation fängt die tägliche Bekehrung an.

Um neun hat Hemmling genug von der Kontemplation. Nicht genug hat er vom Wein.

Also besser noch einen Roten. Oder auch gleich zwei. Die Kellner eilen durch das Café.

Um zehn bricht Hemmling endlich auf.

Nach Campostela', ruft Hemmling und verweist auf den langen Pilgerweg.

Hemmlings Gemeinde folgt wortlos. Auch die Musen folgen. Der Jakobsweg führt durch die Schönhauser Allee, dann in die Gneist- und später Raumerstraße. Eine legendäre Strecke. Ausgetreten von der Prenzelberger Künstlerschaft. In der Lychener Straße macht die Gemeinde die erste Station. Mutter „Fengler" kreuzt den Jakobsweg.

Also dann einen Roten für die Pilger. Oder besser gleich zwei.

Wieder wird diskutiert. Über Kunst, Politik und Religion. Und neue Ausstellungen in Hinterhöfen oder auf Dachböden. Fünf Treppen. Die Kunst braucht einen langen Atem. Hemmling kennt sich aus. Öl, sagt er, das ist wie Blut. In meinen Adern fließt Öl. Aus meinen Fingerspitzen tropft Farbe. Das ist das Leben.

Die Gemeinde nickt zustimmend. Wieder steht der Qualm wie eine Nebelwand. Und wieder duldet Hemmling keine Diskussion. Dafür horcht er in seinen Käferkörper hinein. Kontemplation, heißt es. Mit Kontemplation fängt die Bekehrung an.

Kurz vor Zwölf bläst Hemmling zum nächsten Aufbruch. Rechtzeitig, bevor das „Fengler" schließt. Der Weg ist klar, das Ziel auch.

Campostela, raunt Hemmling in die Nacht.

Die Gemeinde nickt. Das Gefolge ist stark dezimiert. Die verbliebenen Pilger wanken die Straße entlang. Einige stolpern, fallen. Zum Glück ist der Weg nicht weit. Dimitroffstraße, Ecke Knaak. Der Jakobsweg kennt viele Stationen.

Im „Hackepeter" hat Hemmling einen eigenen Tisch. Und es gibt Musik. Schlagzeug und Orgel. Live, natürlich. Und einen guten Tropfen für den Künstler. Das versteht sich von selbst. Der Meister genießt die Anerkennung. Auch Elvira bräunt sich in seiner Sonne.

Öl, sagt Hemmling, das steigt in die Nase. Und dann ins Hirn. Da wird es zu Geist. Und der Geist führt die Hand. Das nennt man Kunst, sagt Hemmling. Wahre Kunst! Die Gemeinde nickt zustimmend. Die Gesichter der Gäste kann Hemmling nicht mehr erkennen. Der Qualm steht wie eine Nebelwand.

Also dann noch einen Roten. Oder besser gleich zwei.

Um ein Uhr schließt auch das „Hackepeter" für die Jakobspilger.

Campostela, raunt Hemmling in die Nacht.

Campostela!, stimmen die Pilger ein. Der Ruf eilt voran zur Schönhauser. Sterne stehen über dem Kiez.

„Schoppenstube", lallt Hemmling.

Auch Elvira, die Muse lallt. „Schoppenstube"!

Nachtbar, sagt einer der Pilger. Auch das noch.

Schwulenbar, stöhnt ein anderer.

Schwul hin oder her, sagt Hemmling. Für die Kontemplation ist das egal. Und die Bekehrung erst recht. Wenigstens, es gibt noch einen Roten.

Oder besser doch zwei.

Friedhof, 1988

▲ Vergebliches Warten, U-Bahnhof Dimitroffstraße, 1987

Der Friedhof

Kramer liebt den kleinen Friedhof. Dabei ist der Friedhof gar kein richtiger Friedhof.
Jedenfalls keiner mit Beerdigungen und den üblichen christlichen Ritualen. Nicht am Totensonntag, nicht am Bet- und Bußtag und schon gar nicht am Heiligen Abend.
Kramer ist das egal. Alles ist ihm egal. Da können die Menschen auch den Friedhof vergessen haben. Umso besser, denkt er. Da hat er den Friedhof für sich allein. Und seinen Frieden, sagt Kramer, und … seinen Hof.
An einen Hof erinnert der Gottesacker allemal. Besser an einen Hinterhof, kein halbes Fußballfeld groß, eingequetscht zwischen der Pappelallee und der Lychener. Geduckt unter den vernarbten Brandmauern umstehender Mietshäuser. Dort stehen die Steine, alte Grabsteine, mit zerfressenen Gesichtern. Zwischen ihnen Holunder und Ahorn. Lebensbaum und Wacholder. Und der Efeu. Er kriecht über Wege und Grabstellen, so als müsste er das Erinnern festhalten. Und die Zeit. Doch die will weiter. Wie der Wind, der nicht bleiben will, dort unten, zwischen den grauen Steinen und dem modernden Laub. So steigt er mit gefüllten Lungen hinauf zu den Traufen und Dachkästen. Hinauf zu den Regenrinnen, die kein Wasser mehr halten und den zerbröckelten Simsen der obersten Stockwerke. Dort wo hinter den Fensterkreuzen noch Leben ist und das Vergessen wohnt. Wo er sich drehen kann und über die Vorderhäuser hinabfällt in die tosenden Schluchten aus Menschen und Maschinen.
Der Wind kann das. Selbst wenn Kramer es könnte, will er das nicht. Kramer verharrt lieber auf dem Friedhof. So, wie man auf einem Friedhof verharrt, mit leicht gesenktem Kopf und der Erwartung, jemand zu treffen, den es nicht mehr gibt. Kramer trifft sie alle. Reihe für Reihe. Die Paulsens und Bocholts, die Klausners und Rollers. Sogar einen Doktor Möbius trifft er. Aber der will von Kramer nichts wissen. Vielleicht weil Kramer nur ein einfacher Mann ist, ohne Studium und so. Und eine graue Baumwollschürze trägt, die ihn auch nicht schlauer macht.

Trotzdem kommt Kramer wieder. Wiedergänger, sagt er selbst und lehnt eine kleine Leiter an die Friedhofsmauer. Die grenzt an einen Hinterhof. Im Hof wohnt Kramer. Von dort steigt er in die andere Welt. Seine Welt. Und das seit fünfzehn Jahren. Mein Kleinod des Erinnerns, sagt Kramer stolz und weist auf ein verschlossenes Tor. Was sich die Stadtverwaltung wohl damals gedacht hat, einen Friedhof schließt man doch nicht. Das ist wie ein zweites Sterben. Und wer will schon zwei Mal sterben. Dabei lacht Kramer, dass sein Mund eine große Zahnlücke freigibt. Kramer ist dankbar. Dankbar für ein Stück Erde, das nur ihm gehört. Und für die Menschen, die hier bei ihm sind. Mit ihnen kann er reden, wann immer er will.

Mit dieser Dankbarkeit harkt er die Wege, sammelt Äste und Laub von den Grabplatten und Steinen. Kramer richtet manche Stele oder zieht das Unkraut aus dem harten Boden, bevor es auf die Grabplatten steigt. Nur das Moos kann auch er nicht aufhalten. Das kriecht auf die Steine. Ein grüner Filz, der sogar den Granit in die Erde drückt. Dorthin wo die Toten sind.

Kramer gießt am liebsten Blumen. Die Farben mag er. Viele gibt es nicht mehr. So trägt er kleine Sträuße zu den Geburtstagen der Hasenclevers und Rollers über die Mauer. Die stehen dann in Einweckgläsern und Blechbüchsen auf den Gräbern. Sogar Möbius bekommt einen Strauß, aber nur aus Astern, denn Möbius hat Ende Oktober Geburtstag. Aber das kleine Gebet, dass Kramer in sein unrasiertes Gesicht brabbelt, ist für alle gleich.

Beim Beten denkt Kramer manchmal an sich. Er weiß, dass sich das nicht gehört. Schon gar nicht auf einem Friedhof. Dabei wünscht er sich, dass einmal einer an ihn denkt. Doch Kramer hat keine Frau. Und Kinder auch nicht. Nicht mal in der Kneipe hat er einen Kumpel. Vielleicht weil sie Kramer für „nicht dicht" halten. Und wer nicht dicht ist, hat keine Freunde. So einfach ist das.

Kramer ist auch das egal. Er hat ja die Paulsens und Klausners, die Rollers und Bocholts. Und seinen Friedhof.

Blumenladen, 1983

Kollwitzstraße Nr. 77, 1979

Das Geheimnis

Ihre Augen waren so tief. So unendlich tief.
Wie ein dunkler geheimnisvoller See, dachte der Mann und betrachtete die Pupillen, die nervös in den Augenhöhlen schwammen.
In den Augen spiegelte sich eine einsame Straßenlaterne. Die stand neben dem Auto in einer der verlassenen Seitenstraßen. Durch die Straße ging jetzt nur noch der Winterwind. Unnahbar und namenlos, wie die Nacht.
Es ist kalt, sagte die Frau und starrte aus dem Autofenster.
Ja, kalt, wiederholte der Mann und dachte doch wieder an den tiefen dunklen See, in dem er jetzt gern baden wollte. Ja, er sehnte sich danach zu schwimmen, weit hinauszuschwimmen in die Nacht, dort wo ihn kein Licht einer Straßenlaterne einholen sollte und nur noch der Mond war. Aber der Mond fehlte über dem dunklen Wasser ihrer Augen. Denn dort war nur die einsame Straßenlaterne.
Der Mond stand über einer der Häuserzeilen und warf seine Schatten in die verlassene Straße. Und da war der Blick, der verlorene Blick der Frau, dass sich der Mann fürchtete in dem See, dem tiefen dunklen Augensee, zu ertrinken. So starrte auch er aus dem Autofenster.
Draußen lag der Schnee. So weiß wie die Unschuld, dachte der Mann und fühlte sich schuldig. Aber warum?
Er fand keine Antwort. Vielleicht gibt es keine Antwort, sagte er laut.
Nein, es gibt auf vieles keine Antwort, sagte die Frau und ihre tiefen Augen begannen sich mit Tränen zu füllen.
Ist die Liebe keine Antwort?, fragte er.
Nein, nicht mal die, sagte die Frau.
Keine Antwort, wiederholte der Mann leise und dachte an die vielen Sternschnuppen. Die fielen in einer klaren und warmen Augustnacht auf die Erde. Da saßen sie auf einer mondbeschienenen Wiese unweit des Meeres und zählten die Wünsche zum Glück. Monate waren seitdem vergangen und mit ihnen kamen

der Winter und die Kälte. Nur das Glück kam nicht, nicht das von zehn, nicht das von drei nicht mal das von einer Sternschnuppe.

Aber was ist das schon, Glück, dachte der Mann und suchte die Nähe der Frau. Die war so warm und weich unter seinen Händen. Und so traurig mit ihren großen Augen, dass er sie festhalten und sich mit ihr für immer verschmelzen wollte. Und sei es in einem Auto, in einer verlassenen Seitenstraße, unter einer einsamen Straßenlaterne.

Ich liebe dich, sagte der Mann.

Ich dich auch, sagte die Frau.

Vielleicht ist das unser Glück, sagte der Mann. Unser kleines vergängliches Glück, geliebt zu werden und zu lieben, wo die Liebe keine Zukunft haben darf. Den letzten Satz verschluckte er fast, weil ihm irgendetwas die Kehle schnürte. Irgendetwas, was ihm jetzt auch die Tränen in die Augen trieb. Tränen, die ihre Nähe nicht trocknen konnte, auch wenn sie jetzt seine Traurigkeit mit der ihm vertrauten Wärme aufnahm. So ließ er sich vor Sehnsucht fallen und glitt in sie hinab, wie in das warme Wasser eines tiefen dunklen Sees. Und es schien ihm, als würden am Firmament Sternschnuppen leuchten.

Lange lagen sie so beieinander. Und sie sprachen nicht mehr, weil alles gesagt war. Nur ihr Körper blieb unter ihm, warm und weich. Und so starrten sie mit verschwommenem Blick aus dem Fenster in die kalte Winternacht, wo der Schnee weiß lag, wie die Unschuld.

Es ist kalt, dachte die Frau.

Ja, kalt, dachte auch der Mann, denn mit der Kälte kroch auch die Einsamkeit in den Wagen.

Da stieg der Mann aus dem Auto. Die Nacht legte sich um seinen Körper. Der Mond schaute ihn mitleidig an.

Und nun?, warf der Mann seine Frage hinauf zum Firmament. Was soll ich tun? Sag es schon!

Aber der Mond wusste keine Antwort. Er konnte nicht einmal mit den Schultern zucken. Ich muss weiter, sagte er nur. Immer weiter.

Arbeitseinsatz, 1984

Das Glück

Wer einen Schornsteinfeger erblickt, wird Glück haben. So verspricht es ein altes Sprichwort.

Um wie viel größer muss das Glück sein, wenn man zwei Schornsteinfeger erblickt?

Und das so nah, dass man sie sogar berühren könnte.

Aber vielleicht ist das auch nichts Besonderes, mit dem Glück und den zwei Schornsteinfegern. Schon gar nicht in Berlin, wo in der Tiefe der steinernen Eingeweide Flammen lodern. Gefräßige Feuer, die in Millionen Öfen Berge von Kohle verschlingen. Braunkohle, die eigentlich schwarz ist.

Aber den Öfen ist das egal. Und so steigt aus den Kachelöfen und Kanonenöfen, den Kaminöfen und Küchenherden weißer, grauer, brauner oder schwarzer Qualm. Und sucht sich einen Weg durch geschwärzte Schamotte und rostige Ofenrohre. Hinauf durch die Schornsteinschlünde in den trostlosen Winterhimmel.

Der hängt, vergiftet vom Rauch in Fetzen über dem Dächermeer. Ein alter Leinensack, darin Gott wohnen soll.

Schwer atmet der Tag.

Doch die Schlünde schreien. Sie schreien nach Drahtbesen und Eisenkugeln. Und nach seiner Hand. Dass er seine Folterknechte hinabschickt in die verrußten Magen der Stadt.

Er, der schwarze Mann mit großem Hut. Breitbeinig steht er im Gegenlicht. Wie eine Scherenschnittfigur aus dem Trickfilm des Lebens.

Glücksbringer, 1983

Künder von besseren Zeiten, 1986

Gegenüber

Da ist er. Immer wieder ist er da. Da. Da!
Nein.
O, doch ist er da.
Nein!
Siehst du ihn denn nicht. Uns gegenüber, genau der.
Der?
Ja, genau der!
Die U-Bahn hat sich in die Station gedrückt. Längs, wie das U-Bahnen so machen. Längs zählt man in Waggons. Und die sind gelb. Schönhauser Allee. Und der Mann sitzt da, als wäre er mit der Bank verwachsen. Die Bank ist eine Holzbank.
Der Mann hat eine braune Aktentasche, wie sie viele Männer haben, wenn sie zur Arbeit fahren. Die Tasche steht auf dem Schoß. Wichtige Taschen stehen immer auf Schößen, sie liegen nicht, selbst wenn es bequemer für den Träger und die Bügelfalte seiner Hose wäre. Auch diese Tasche steht. Zwei Hände geben ihr Halt und beschützen sie. Wie Wachhunde liegen sie auf der Tasche. Oben neben dem Griff und rühren sich nicht.
In der Tasche sind die Zeitung vom Tag und vielleicht einige Pausenbrote, belegt mit Wurst oder Käse. Und Butter. Das gehört dazu, wenn man hart zu arbeiten hat. Was es sonst noch gibt, ist Spekulation. Vielleicht einen Schreibblock, einen Füllfederhalter, ein Buch oder einen Kalender. Aber vielleicht noch nicht einmal das.
Der Mann verzieht kein Gesicht. Nicht in der Station Schönhauser, nicht in der Station Dimitroff, noch in der Station Senefelder. Dort steigt er aus. Das haben wir uns schon gedacht.
Manchmal hat man das in der Nase. Das, wohin einer geht.
Oder im Blick.
Also doch.
Ja, ganz sicher.
Dabei steigen immer Menschen aus. Aus der Bahn, aus der Ehe, aus dem Leben. Aber wenn einer mit einer Aktentasche aussteigt, dann gibt es Anlass zum Bericht. Jedenfalls am Bahnhof Senefelder.

Keiner will ihm folgen. Aber irgendwie muss das auch nicht sein. Denn da ist ein großes Haus. Gelber Backstein, spätes 19. Jahrhundert. Schönhauser Allee, direkt neben dem jüdischen Friedhof. Das Haus hat lange gebohnerte Gänge und Türen mit Nummern. Und einen uniformierten Pförtner am Eingang. Da will der Mann hin mit seiner Aktentasche und den Pausenbroten und der Zeitung vom Tag.

Das Haus trägt ein großes Schild aus Emaille. So groß, dass die Leute Mühe haben, es zu übersehen. Also wechseln sie lieber die Straßenseite.

Sicher ist sicher.

Das denkt auch der Mann und fasst die Aktentasche fester.

Straßenbahnhaltestelle, Prenzlauer Allee, 1987

Entsorgung eines Staatsoberhauptes im Gerümpel, Fehrbelliner Straße, 1979

Klärung eines Sachverhalts

Hesses Blick gehört dem Generalsekretär.
Immer, wenn er hier ist, gehört sein Blick dem Generalsekretär. Auch sein Denken und vielleicht auch seine Sprache. Aber was Hesse sagt, versteht keiner. Seine Lippen bewegen sich nur langsam, fast zaghaft.
Vielleicht versteht es der Generalsekretär. Denn er lächelt. So wie er immer gelächelt hat.
Hesse ist nicht zum Lachen. Hesse wartet. Dafür gibt es einen Raum mit schwarzen Rohreisenstühlen mit grauem Kunstlederbezug. Der Raum hat keinen Tisch. Die Wände tragen braune brusthohe Ölanstriche. Darüber eine blasse Kalkfarbe. Ein großes Bild hängt an der Stirnseite.
In allen amtlichen Warteräumen stehen schwarze Rohreisenstühle mit grauem Kunstlederbezug, denkt Hesse. Und immer fehlt ein Tisch.
Was nie fehlt, ist der Generalsekretär. Seit sich Hesse erinnern kann, ist er da. In der Schule, auf dem Wohnungsamt, auf dem Bahnhof, im Krankenhaus. Sogar in sein Stammlokal begleitet er Hesse. Dabei würde Hesse sein Bier lieber allein trinken.
Hesses Blick geht zum Fenster. Dahinter steht die Sonne. Die Sonne hat Gitter im Gesicht. Dabei ist Hesse gar nicht im Gefängnis. Nur bei der Polizei. Und das ist eine Volkspolizei. Vorladung, heißt es. Klärung eines Sachverhalts.
Eine Klärung kann dauern. Das weiß Hesse. Auch der Generalsekretär wartet. Und er lächelt.
So wie er immer lächelt, in der Schule, auf dem Wohnungsamt, auf dem Bahnhof, im Krankenhaus.
Es ist ein vertrautes Lächeln, denkt Hesse. Und doch hat es etwas Fremdes, Unnahbares, ja Künstliches. Es ist ein mechanisches Lächeln. Aufgezogen mit einem Schlüssel, der im Rücken des Generalsekretärs steckt.
Das Lächeln steigt aus einem hellen freundlichen Anzug. Es ist im Kopf des Generalsekretärs. Der Kopf thront über einem weißen Hemd und einem gestreiften Binder. Hesse trägt nie Binder. Schon gar nicht, wenn er in einen Warteraum geht, wo

der Generalsekretär schon wartet. Da kann seine Frau noch so lange reden. Hesse wäre am liebsten nackt.

Der Generalsekretär hat eine Brille im Gesicht. Zwei schwarze Vierecke stehen vor seinen Augen. Die Augen sind hell und aufgeweckt. Neugierig. Und blau wie die Sehnsucht.

Hesse ist auch neugierig. Aber es ist eine andere Neugier.

Und eine Sehnsucht hat er auch. Das hat mit der Vorladung zu tun. Und dem Sachverhalt, der geklärt werden muss. Hesse hat keine Vorstellung. Hesse hat Angst. Jeder hat Angst, wenn ein Sachverhalt geklärt werden muss. Schon als die Karte mit der Vorladung im Briefkasten lag, sprang Hesse die Angst an.

Zweimal hat Hesse den Namen auf der Karte gelesen. Aber es war seiner. Dabei hätte er die Karte gern in einen anderen Briefschlitz geschoben. Und sich die Hände danach gewaschen. Hesse aber bleibt Hesse. Er kann sich keinen anderen Namen geben. Einen, der nichts mit ihm zu tun hat.

Auch der Generalsekretär trägt einen Namen. Hesse hat ihn rechtzeitig gelernt.

Jedes Kind lernt ihn rechtzeitig. Dazu muss der Generalsekretär nicht einmal die Kinder besucht haben.

Ein unschuldiger Name, denkt Hesse. Unschuldig, wie die Buchstaben aneinandergereiht sind. Buchstaben, mit denen sich spielen ließe. Selbst in einem Warteraum. Wenn nicht ...

Hesses Gedanke bleibt in der Luft hängen, wie in einem Spinnennetz. Irgendwo zwischen der blassen Kalkwand und dem Fenstergitter. Weit über dem braunen ausgetretenen Linoleumboden.

Auf Hesses Stirn legt sich kalter Schweiß. Entsetzt geht sein Blick zum Generalsekretär.

Doch der lächelt, wie er immer gelächelt hat. Das Lächeln macht den Raum stickig. Es füllt ihn aus. Es klebt auf den grauen Kunstlederbezügen. Hesse ringt nach Luft.

Bestimmt, so denkt Hesse, habe ich doch etwas Falsches getan.

Raucherpause, 1982

Der Mond und der Tod

Golden glänzt sein Gesicht. Honigmondgelb. Der alte Mond. Käsekuchen, Strahlestern, Nachtmann. Und doch schleppt er sich hin am Firmament.
Hinter sich her zieht er Wolkenfetzen. Schleier von Zeit über dem steinernen Meer.
Die Stadt. Schwarz ragen ihre Stümpfe in den Himmel.
In der Tiefe jammert eine Katze. Ein Hund bellt. Die Echos steigen mit dem grauen Rauch aus den Schluchten.
Die Menschen schweigen. Die Worte hat die Stadt im Stein verschlossen. Oder in Kellern, in denen das Licht lange Schatten wirft.
Die Nacht ist kalt. Straßenlaternen stehen Wache. Krank, trunken, gelbsüchtig.
Der Bahnhof steht schwarz und still. Auf breiten Schienen schiebt sich ein Zug voran. Schneller als der alte Mond. Viel schneller.
Plötzlich quietschen die Bremsen. Die Räder stemmen sich gegen das kalte Eisen. Funken fliegen, goldene Funken. Als wünschte das Leben ein letztes Feuerwerk.
Was rollt, lässt sich nicht halten, sagen die Leute. Und schauen auf zum alten Mond.
Es ist immer so, denkt der Mond. Und macht ein unschuldiges Gesicht. Ein honigmondgelbes Unschuldsgesicht.
Aber er sagt nichts. Was sollte er auch sagen.
Müde glänzen seine Augen.

S-Bahnhof Schönhauser Allee, Eingang Greifenhagener Straße, 1989

Verordneter Demonstrationszug, 1985

▲ Der Ausblick, 1980

Erster Mai

Ein Feiertag. Auch wenn es nichts zu feiern gibt.
Rudi feiert mit Molle und Korn. Aber er feiert auch den siebenten Oktober, den Tag der Republik. Und Ostern, den Tag des Herrn und Weihnachten, den Tag des Weihnachtsmanns. Zu feiern gibt es immer. Jedenfalls für Rudi. Denn Rudi versteht die Welt.
Noch besser versteht er das Ende der Welt. Denn Rudi ist Hellseher.
Am hellsten sieht Rudi in der „Pappel". Das ist sein Stammlokal. In der „Pappel" verstehen Rudi alle. Auch der Wirt, der nach jedem Bier mit einem Bleistift einen schwarzen Strich auf Rudis Bierdeckel zieht.
Ja, das Ende der Welt, stöhnt Rudi in sein fettes unrasiertes Doppelkinn. Dabei zieht er die Augenbrauen in die Höhe. Die Augenbrauen verdecken die Stirn.
Also doch. Rudi malt mit dem rechten Zeigefinger große Kreise in die Luft.
Die Gäste nicken, so wie man nickt, wenn man keine Lust hat zu widersprechen.
Also geht die Welt unter, schon weil niemand widerspricht.
Und Rudi weiß das. Dazu braucht der Wirt keine Sonne auf seinen Bierdeckel zu malen.
Also feiert der Rudi. Mit Molle und Korn. Und zu feiern gibt es immer. Egal ob es der erste Mai ist. Oder der dritte.
Feiern gegen die Zeit, nennt das Rudi und bestellt noch einen Doppelten. Man weiß ja nie.
Nein, das weiß man nicht. Außer Rudi, der ist ja Hellseher.
Rudi hält seine große rote Nase in die Höhe. Wie ein Spürhund zieht er die Luft durch die breiten Nüstern. Dann steckt er den roten vernarbten Zinken in sein Bierglas. So machen das Hellseher.
Die Welt verschwimmt vor Rudis Augen. Ein Zerrbild steigt aus seinen Gedanken.
Rudi nickt vielsagend, als habe er schon darauf gewartet. Die Sehnsucht wirft ein Lächeln in sein Gesicht. In seinem Kopf steht die Zeit. Seine Zeit.

Doch die Wanduhr versteht das nicht. Das Pendel lässt sich nicht aufhalten. Sie nimmt sich einfach die Zeit, die ihr nicht gehört, Rudis Zeit. Und Rudi kann sie nicht hindern.
Warum, denkt er, kann eine Kneipenuhr mir meine Zeit wegnehmen. Sie einfach stehlen wie ein Stück Brot und in Scheiben schneiden, in Sekunden, Minuten und Stunden.
Rudi schüttelt den Kopf. Ungerecht ist das, sagt er. Ungerecht! Und bestellt gleich noch einen Doppelten gegen die Zeit.
Niemand widerspricht. Nur die Wanduhr. Sie hämmert ihre Schläge in Rudis Kopf.

Gaststätte mit Ausblick, 1987

Todesfall, 1987

Manne wollte weg

Manne war gegangen. Nicht weit.
Gar nicht weit.
Denn hinter der ersten Mauer war Schluss. Manne hatte es nicht über die zweite geschafft. Wie auch?
War doch so hoch, das Ding. Dabei hätte er es wissen müssen, der Manne. Im Kiez kannte er sich aus. Und der Kiez kannte Manne. Wohnte doch um die Ecke, zweiter Hof, Treppenaufgang rechts, dritter Stock. Dort, wo jetzt ein Siegel an der Tür klebt. Dass sich die Hausbewohner wundern. Aber vielleicht auch nicht.
Zu oft kleben rote Siegel an den Wohnungstüren.
Und Manne hat ja immer gesagt, dass er geht. Irgendwann. Aber wohin, das hat er nicht verraten.
Jedenfalls in der Kneipe nicht. Die Kneipe heißt „Klause". Aber auch da hat er nichts gesagt. Obwohl Manne Stammgast war. Geschwiegen hat er. Weil er wohl mehr wusste, sagen die Leute.
Manne wollte weg.
Und das „Weg" war gar nicht so weit entfernt. Nur dreihundert Meter. Am Ende seiner Straße. Da stand diese Mauer, die erste. Die war so grau wie der Putz an den Häusern der Straße. Die Häuser trugen das Grau von der Klause bis zur Mauer. Von Fenster zu Fenster, von Tür zu Tür. Auch die Bordsteinkanten waren grau. Und der Pflasterstein. So grau wie der Novemberregen.
Kein Wunder, wenn die Mauer keine andere Farbe vertrug. Nicht mal rot und schon gar nicht dunkelrot.
Manne hat ihr keine andere Farbe geschenkt. Auch nicht sein Blut.
Aber dann war da die zweite Mauer. Die, die man nicht mehr sieht, weil sie sich hinter der ersten Mauer versteckt.
Die zweite Mauer hatte einen Namen. Schon der Name machte Angst: Todesmauer!
Und der Streifen Land zwischen der ersten und der zweiten Mauer hatte auch einen Namen: Todesstreifen! Dabei sah er aus wie ein gepflegter Garten, der auf Pflanzen wartete. So schön gleichmäßig war er geharkt.

Aber das hat der Manne gar nicht mehr gesehen.

Manne wollte doch nur weg. Mit und ohne geharkten Mauerstreifen.

Und kam doch nicht weit. Da lag er nun, auf dem geharkten Boden wie in einem Garten. Im Niemandsland, das doch dem Tod gehörte. Der Sand färbte sich rot.

Aber die Mauer blieb grau. So grau wie der Putz an den Häusern.

Manne war gegangen. Nicht weit. Gar nicht weit.

Aber weit genug. Zu weit, um zurückzukehren.

Das Leben geht weiter, Pappelallee, 1985

Umzug im Kiez, 1979

Der Aufstieg

Endlich. Eine Wohnung. Eine richtige Wohnung.
Und das mitten im Kiez. Prenzelberg. Das ist was anderes als Prenzlauer Berg. Herr A. ist außer sich vor Freude. Die Freude hängt ihm an der Stirn. Und auf den Lippen. Sie sprudelt wie ein Brunnen.
Was für ein Aufstieg! In seinem Kopf hämmert die Vergangenheit. Pulsschlag verlorener Zeit.
Angefangen hat alles in der Kopenhagener 73 im zweiten Hof. A.s Freund war zu einer Frau gezogen, nicht weit, eine Treppe höher. Aber weit genug. Die Wohnung des Freundes bleibt, möbliert. Ein Schrank, ein Bett, ein Tisch, zwei Stühle. Herr A. hat einen Anfang. Hinterhaus, zwei Hofdurchgänge, drei Treppen. Dazwischen viel Beton. Nackt und grau liegt er ausgebreitet in den Höfen. Und nimmt die Schritte lärmend auf und trägt sie in die Häuserschluchten. Und in den Kopf.
Beton. Die Augen ertrinken in ihm. Überall dieser nackte graue Hofbeton. Gerissen von der Zeit. Hier und da steigt Moos und Unkraut aus den Ritzen. Sonne gibt es nie, zu eng ist der Hof. Dafür aber Kinderlärmen. Ein Kindergarten ohne Sonne im zweiten Hof und ein gelbes Sandkastenviereck mitten im grauen Meer aus Beton. Herr A. hört das Leben, ein Leben auch ohne Sonne.
Immerhin, A.s Wohnung ist trocken. Klo halbe Treppe tiefer. Auch das ist trocken. Vor allem im Winter, wenn die Steigleitung eingefroren ist. Doch Winter gibt es nicht viele. Nach vier Monaten kommt der Freund zurück, ohne Frau. Und den Bauch voller Wut.
Herr A. muss ziehen. Lettestraße 1. Aber das ist kein Umzug. Eine Besetzung ist das. Die neue Wohnung lädt geradezu ein. Leer stehend seit Jahren. Und damit gut genug zum Leben. Zum Lieben. Zum Schreiben. Herr A. schreibt viel. Und schreibt sich die Wohnung schön.
Immerhin erster Hof, was für ein Aufstieg. Oder doch Abstieg? Dort im Erdgeschoss. Tiefer geht es kaum. Also auch keine Sonne. Herr A. hat nicht einmal eine Vorstellung davon. Nur wenn

er den Kopf weit aus dem Küchenfenster streckt, kann er den Himmel entdecken. Der Himmel hat vier graue Ecken. Weit oben über der Esche, die sich breit in den Hinterhof quetscht. Und alles Licht aufsaugt wie ein Schwamm.

Das Wasser drückt der alte Baum in die stillen Zimmer. Die umstehen den Hof mit ihren blinden Scheiben. Im Erdgeschoss, wo der Zucker in den Dosen klumpt, wohnt nicht nur Herr A. Dort ist auch der Schimmel zu Hause. Er malt weiße, graue und schwarze Muster an die Wände. Wie sterbendes Herbstlaub so schön, denkt Herr A. Und weiß doch um die Krankheit. Die Mauerschwindsucht kann auch er nicht heilen. So viel schreiben kann keiner.

Herr A. muss weg. Sonst kriecht die Krankheit in die Knochen. Und in den Kopf. Der wird weich und löchrig wie ein alter Pilz. Dem nächsten Umzug geht eine Flucht voraus. Der Freund eines Freundes hatte es geschafft. So sagt man, wenn einer im Westen ankommt. Herr A. findet das Wort unpassend. Noch bevor es offiziell wird, meldet sich A. an. Volkspolizeiinspektion. Der Mann in Uniform stellt keine Fragen. Trotzdem, Herrn A.s Hand zittert bei der Unterschrift.

Also Umzug. Wieder rollt ein Handwagen durch den Kiez. Beladen mit Kisten und Koffern. Und Büchern. Es ist ein Aufstieg. Und was für einer. Dazu braucht Herr A. keine Worte. Egal, wie schön sie wären. Vierter Stock! Schönhauser 65. Erster Hof, Seitenflügel. Ein richtiger Himmel. Und Sonne. So viel Sonne! Sie flimmert im engen Hof. Und das Flimmern trägt den Gestank der Mülltonnen hinauf bis unters Dach. Oder zum Klo, eine halbe Treppe tiefer. Aber trocken ist sie, die Wohnung.

Trocken und im Winter kalt. Der Kachelofen zieht schlecht. Und reicht nur für das Zimmer. In der Küche friert das Wasser. Und wie immer im Klo.

Wer hier wohnt, denkt Herr A. glaubt nicht mehr an Wunder. Und doch geschehen sie. Echte Wunder. Das Wunder hat einen Namen und eine Nummer. Gneiststraße 3. Keinen Steinwurf entfernt. Vorderhaus! Drei Treppen im gelben Backsteinbau. Und Balkon! Darauf am frühen Morgen eine Sonne, die nicht weiter will. Eine goldene Sonne, die sich so rarmacht im Kiez.

Was für eine Entdeckung im grauen Häusermeer! Die Wohnung selbst ist unbewohnbar. Wasserschaden. Dabei müssen nur die Deckenbalken im Zimmer ausgewechselt werden. Und das Dach abgedichtet werden. Und vorher ein gutes Wort gefunden werden, bei der staatlichen Verwaltung. Wofür es bunte

Scheine gibt. Und manche Beziehung, die hilft. Herr A. gibt sich viel Mühe.

Dann endlich der Schlüssel. Ein Schlüssel ins Paradies.

Das Paradies unweit der Schönhauser aus Zimmer, Küche, Balkon und Innentoilette. Und Dusche! Eingebaut in der abgerissenen Speisekammer. Das ist keine Wohnung, das ist ein Traum! Ein Traum, der nicht herbeigeschrieben wird. Ein textloser Traum im Prenzlauer Berg! Herr A. verweist auf das Zitat des großen Herrn Mann. Wer es innerlich so viel schwerer habe, hätte Anspruch auf äußere Annehmlichkeit. Herrn A. gefällt der Satz. Er verklemmt sich in seinem Kopf. Also malt er das Bild mit seinen Farben aus.

Ja, ein Aufstieg ist das schon, denkt Herr A. Ein richtiger Aufstieg!

Und doch, so gesteht sich A. in einer schlaflosen Nacht ein, ist es nicht genug, um zu bleiben.

Worte können nicht lügen

Das ist ein Haus. Ein richtiges Haus. Es hat eine Fassade mit Fenstern und ein Dach mit Schornsteinen. Aus den Schornsteinen steigt Rauch. Durch die Haustür gehen Menschen. Ihre Schritte hallen im Treppenflur. Egal, welche Schuhe ihre Füße tragen.
Manchmal hört man die Füße auch auf den Stufen der Holztreppen poltern. Und auf den Podesten. Da bleiben sie nicht lange, weil sie hinter den Wohnungstüren verschwinden.
Nur das Poltern bleibt. Wie ein Hall, der lange durch den Treppenflur eilt.
Also doch ein richtiges Haus, mit Menschen, die in ihm leben. Sich streiten und versöhnen. Sich hassen und lieben. Und sterben.
Aber warum trägt es dann ein Wort? Vier Buchstaben, die eine Erklärung sind. „Haus". Als zweifelte jemand an seiner Bestimmung und seiner Funktion. Und seinem Sinn.
Menschen müssen auch keine Schilder tragen, auf denen „Mensch" steht. Warum also sollten Häuser dies tun?

▲ Warentransport, Bötzowstraße, 1985

Kennzeichnung, 1980

Das Höhlengleichnis

Wer in einem der kranken Hinterhäuser wohnt, die in den verachteten Teilen unserer lichtarmen Städte zwischen dem glanzlosen Grau der Scham nach Luft ringen, und erst Ende März die Hoffnung erfüllt sieht, dass jetzt endlich die Sonne die Barrieren der vielen Giebel und Seitenflügel überwunden hat, um zum ersten Mal in die vom Licht vergessenen Zimmer der ergrauten Hinterhöfe ihre Strahlen wie reife goldene Ährenkränze zu werfen, dem ist beim Anblick eines solchen Schauspiels, dem die Menschen gewöhnlich keinerlei Beachtung schenken, so, als stiege diese Sonne überhaupt das allererste Mal nach schwarzen Nächten zum Firmament hinauf, und er selbst wäre der Zeuge eines Anbeginns, ja der Schöpfung, als wenn in jenem stillen Gemach die Welt zu tagen beginne, und mit Inbrunst wird er der geheimnisvollen Zeichen schauen, die ihm das sonderliche Gestirn auf jeden Flecken seines Zimmers malt, und gerührt bekennen, dass ihm dieses Leben irgendetwas vorenthalten hat, ein Geheimnis, das ihn, den Sehenden jetzt überkommt, wie die Vorahnung einer anderen Welt, einer Idee, eines neuen, einzigartigen, noch nie dagewesenen Lebens, dass es das Gegenteilige, Gegensätzliche, einander Bedingende und Ausschließende, das einander Fremde und einander Vollendende, das sich Aufhebende und aneinander Verlierende, kurzum der Widerspruch im Sein ist, der das Leben, ja den Tod auf so eigentümliche Art und Weise beseelt und dass es dieser großen Stunde im Angesicht der Zeichen bedurfte, einen vom Schein ungetrübten Blick in diese geheimnisvolle Tiefe zu werfen, auf deren schlohweißen Grund schwarze Schatten wie Marionetten wandeln, von einem Licht in Bewegung gesetzt, das die Kraft Tausender Feuer verbindet, und er wird die Augen aufreißen, um sich mit ihnen an den Tiefen dieser eigentümlichen und doch so wahren Welt begierig zu sättigen, dabei entsetzt auf die Schatten starren und ein Wesen erkennen, das so alt und so ewig ist, wie er selbst.
Dabei hatte die Sonne nur ein paar Strahlen in ein Zimmer geworfen …

Spiegelung, 1980

Verdeckte Schande, 1986

Die Zahl

Er hätte ein Brandmal tragen sollen. Eines, wie es Kühe und Pferde tragen, wenn sie verkauft werden. Aber er trug es nicht. Dafür trug Kahlo eine Nummer. Die Nummer war in den Unterarm tätowiert. Es war eine Häftlingsnummer. Sie bestand aus sechs Zahlen. Schöne Zahlen, Zahlen, wie Kahlo sie liebte. Die Acht war dabei und auch die Zwölf. Am zwölften hatte seine Mutter Geburtstag, zwölf Monate hat das Jahr. Zwölf Jünger begleiteten Jesus.
Die acht war eine andere Zahl. Am achten des achten Monats wurde seine Tochter geboren, am achten kam er frei.
Kahlo war im Gefängnis. Ein Krimineller hieß es.
Ein Politischer, sagte er selbst. Dabei ist Kahlo gar nicht politisch, sagten die Kommilitonen. Kahlo war Student der Mathematik. Und er liebte Zahlen. Er hätte wissen müssen, was sich gehört.
Verurteilt wurde er zu zwei Jahren und sechs Monaten. Das ist nicht viel, wenn man Zettel an die Hauswände klebt. Schwedter Straße. Es ist noch weniger, wenn man die Haftstrafe durch die Anzahl der Zettel teilt. Immerhin war es der dreizehnte August. Kahlo scherte der Tag nicht. Auch nicht das Gerede der Kommilitonen. Er hat an seine inhaftierten Freunde gedacht, sagte er später aus. Ein Zeichen setzen gegen die Ungerechtigkeit.
Was für Ungerechtigkeit?, fragte der Vernehmer und schaute in Kahlos Gesicht. Das war ganz weiß im grellen Licht einer Lampe.
Nicht reden zu dürfen, sagte Kahlo kleinlaut.
Nicht reden zu dürfen?
Seine Meinung nicht frei äußern zu können, ergänzte Kahlo.
Der Vernehmer lachte. Das Lachen kam aus dem Dunkeln. Kahlo konnte es nicht sehen, selbst wenn er die Augen zukniff und versuchte, hinter das grelle Licht zu schauen.
Reden Sie nur! Nun sagen Sie schon Ihre Meinung! Es gibt doch keinen, der Sie daran hindert! Oder sehen Sie hier jemand?
Jetzt lachte auch ein zweiter Mann. Das Lachen kam aus dem hinteren Teil des Raumes.
Nun reden Sie schon! Gönnen Sie uns eine freie Meinung!

Wieder lachten die Männer.

Aber Kahlo wollte nicht antworten. Vielleicht, weil er gerade im Kopf eine große Zahl teilte, die sich so schwer teilen ließ. Oder eine Summe bildete und dann eine Wurzel zog. Oder weil er wusste, dass es keinen Sinn hatte. Die Zettel in der Schwedter Straße sprachen eine eigene Sprache. Es waren die Worte, die ihn verrieten. Nicht die Zahlen.

Kahlo wurde abgeführt. Er zählte die Schritte bis zur Zelle. Das Urteil stand bereits fest. Auch Kahlos Preis stand fest. Aber beides wusste er nicht.

Kahlo zählte die Stunden und Tage. Manchmal auch die Minuten. Wenigstens die Zahlen wollten ihn nicht verlassen.

Erst als ein Mann mit einem dunklen Anzug in seine Zelle kam, wusste er, dass ihn die Zahlen einholen würden. Geldzahlen. Summen. Aber seinen Preis kannte Kahlo noch immer nicht. Aber war der Preis auch sein Wert?

Kahlo unterschrieb ein Dokument und begann wieder die Stunden und Tage zu zählen. Auch die Wochen und Monate. Dann kam der Mann wieder.

Kahlo ging auf Transport. So hieß es, wenn einer abgeschoben wird. Karl-Marx-Stadt. Kahlo wusste um die Entfernung. Er teilte im Kopf die Monate durch die Kilometer. Zum Glück war es eine lange Reise.

Der Aufenthalt währte nicht lange. Dabei hatte er die Tage gezählt und sie ins Verhältnis zur abgelaufenen Haftzeit gesetzt. Das ergab einen schönen Bruch, der sich nun stündlich änderte. Irgendwann war Kahlo im Westen. Freiheit, nannte er das und begann die Freiheit in Tage und Stunden zu messen. Gern hätte er auch gewusst, wie viel diese Freiheit gekostet hat. Und die Summe im Kopf geteilt durch die Monate, die Wochen, Tage und Stunden. Aber ausgerechnet diese Zahl wollte ihm keiner geben. Diese eine Zahl.

Dabei hätte er seinen Wert gern in den Unterarm tätowiert.

Warten, Lottumstraße, 1988

Egons Glück

Egon ist ein glücklicher Mensch.
Egon hat Arbeit. Richtige Arbeit. Männerarbeit.
Egon ist Kohlenmann. Kohle ist Wärme. Wärme ist Glück.
Egon macht andere Menschen glücklich. Auch wenn diese es gar nicht wissen. Egon weiß es.
So einfach kann das Glück sein. So einfach.
Egon kann das Glück sehen. Dunkel steigt es in den Himmel. Schornsteinglück. Und macht den Schnee schwarz.
Und er kann es riechen. Im Winter drückt das Glück in die Straßenschluchten. Braunkohle, sagt er dann und zieht den stickigen Rauch in seine Nase. Die Nase hält er dabei in die Höhe. Wie ein Hund auf Fährtensuche. Gute Kohle, sagt Egon, gibt gute Wärme, gute Wärme gibt Liebe.
Egon hat keine Frau. Egon hat das „Luftikus". Da sitzt er nach Feierabend. Molle und Korn, versteht sich von selbst. So wie sich das Leben von selbst versteht. Und Angie hat er auch. Jedenfalls ihren Blick, denn wortlos stellt die Kellnerin das Bier auf seinen Tisch. Egon muss nicht einmal bestellen. Angies Nicken und ein kurzer Augenaufschlag reichen. Egon hat eben Glück.
Und mit Glück lebt es sich leichter. So sagt er es. Und alle stimmen ihm zu.
Selbst sein Chef aus dem Kohlenhandel. Der hat einen großen Hund und ein schwarzes Auto. Und er sieht aus wie ein Chef. Aber ob er glücklich ist, weiß Egon nicht zu sagen. Dabei müsste er das eigentlich. So viel Kohle, wie er verkauft, so viel Wärme, so viel Liebe.
Egon hat Arbeit. Männerarbeit. Und Angie. Was braucht der Mensch sonst?
Und wenn die schöne Angie mit dem großen Busen dann auch noch lächelt, kann Egon sein Glück nicht mehr hinter den Zähnen halten. Wenn er lacht, fällt das Glück durch die Zahnlücke hindurch auf den Holztisch. Da liegt es dann wie ein Pudding. Bestreut mit Puderzucker.
Dann weint der Egon. Vor Glück.

Kohlenträger, Husemannstraße, 1987

Der Kreis

Die schwere Holztür quietscht. So, als wollte das Haus schreien. Dabei muss es keine Angst haben, das Haus, das da unweit der Synagoge steht.

Ein ausgetretener Steinfußboden nimmt die Füße auf. Die gehen von selbst ganz leise, in dieser neuen anderen Welt.

Ein mechanischer Arm zieht die Tür ins Schloss. Langsam, ganz langsam, so wie er die Tür immer ins Schloss gezogen hat, in all den Jahren. Und immer wurde der Schrei verschluckt, wieder und immer wieder.

Aber was sind schon Jahre im Angesicht der Zeit, sagen die Leute. Und was im Angesicht von Kommen und Gehen, von Leben und Tod.

Das Leben ist wie ein großer Kreis, sagen sie und vielleicht haben sie recht. Denn immer dann, wenn man sich auf einer Geraden wähnt, beginnt er sich zu schließen, unmerklich und doch viel schneller, als man zu glauben wagt.

Es gibt kein Entrinnen. Und Geschichte kommt wieder. Selbst die Erinnerung wird den Kreis vollenden. Nur eben in einer anderen Richtung.

▲ Weg zur Arbeit, Gneiststraße, 1982

Treppenhaus, 1979